EUGÈNE WELVERT

La Princesse d'HÉNIN

HISTOIRE D'UNE GRANDE DAME DU TEMPS PASSÉ

VERSAILLES
LIBRAIRIE LÉON BERNARD, 17, RUE HOCHE
M. DUBOIS, SUCCESSEUR
—
1924

EUGÈNE WELVERT

La Princesse d'HÉNIN

HISTOIRE D'UNE GRANDE DAME DU TEMPS PASSÉ

VERSAILLES
LIBRAIRIE LÉON BERNARD, 17, RUE HOCHE
M. DUBOIS, SUCCESSEUR

1924

(Extrait de la *Revue de l'Histoire de Versailles et de Seine-et-Oise*)

25e Année 1923, pp. 123 à 138, fasc. 2; 232 à 243, fasc. 3; 314 à 331, fasc. 4;
26e Année 1924, pp. 93 à 104, fasc. 2.

La Princesse d'HÉNIN

Histoire d'une Grande Dame du Temps passé

I

Avant la Révolution.

Lorsque Mlle Dillon fut fiancée à M. de Gouvernet, la princesse d'Hénin, tante du jeune homme, fit une visite aux parents de la jeune fille. « Elle me demanda, raconte celle-ci; je m'y attendais. J'avais une telle peur de cette belle dame, si élégante et si imposante, qui allait m'examiner des pieds à la tête, que je pouvais à peine me tenir sur mes jambes en entrant dans la chambre, et qu'à la lettre je ne voyais pas où j'allais. Elle se leva, me prit la main et m'embrassa. Puis, avec cette hardiesse des dames de son temps, elle m'éloigna d'elle à la longueur de son bras, en s'écriant : « Ah ! la belle » taille ! Elle est charmante. Mon neveu est bien heureux ! » J'étais au supplice. Elle se rassit, et me fit beaucoup de questions auxquelles je suis sûre de n'avoir répondu que des bêtises. En s'en allant, elle m'embrassa encore, et me fit deux ou trois beaux compliments sur le plaisir qu'elle aurait à me mener dans le monde (1) ».

Cette belle dame si élégante, si imposante, si hardie qu'elle vous toise des pieds à la tête, et en même temps si impétueuse dans ses démonstrations d'affection qu'elle vous embrasse à plusieurs reprises dès la première rencontre, c'est la princesse d'Hénin à peu près tout entière. Au milieu d'une société qui excite si vivement notre sympathie — ou notre antipathie, suivant l'humeur dont nous sommes, — la prin-

(1) *Journal d'une femme de cinquante ans*, t. I, p. 91.

cesse d'Hénin ajoute aux traits généraux de son milieu et de son époque ceux d'une physionomie très personnelle. Arrêtons-nous donc quelques instants devant sa silhouette : elle est plus intéressante et peut-être plus instructive que de prime abord on ne pourrait le croire.

Elle avait pour père Etienne-Louis-Antoine Guinot, seigneur et plus tard marquis de Monconseil, qui fit avec bravoure et distinction toutes les campagnes du règne de Louis XV et qui devint lieutenant général, commandant pour le Roi en Haute-Alsace. C'était un bon gentilhomme issu d'une famille saintongeaise dont les alliances rachetaient le peu d'ancienneté [1]. Il avait été page, et jusque dans son extrême vieillesse, il ne pouvait rappeler sans frémir qu'un jour, en escortant Louis XIV qui se rendait chez Mme de Maintenon, il avait roussi de son flambeau l'auguste perruque du grand Roi. Compagnon de plaisir du duc de Fronsac (le futur maréchal de Richelieu) et de la plupart des jeunes roués de la Régence, il avait gagné tellement d'argent au jeu qu'il avait pu acheter presque coup sur coup un domaine de 180.000 livres et un régiment qui lui en avait coûté 40.000. De là son surnom de colonel de *Royal-Biribi*. Faut-il rappeler que l'on était alors en plein système de Law ? Les ressources d'Etienne de Monconseil pouvaient provenir autant de la spéculation que du jeu. A quarante ans, sans quitter le service, il se retira en Saintonge pour exploiter ses terres. Il vécut là jusqu'à quatre-vingt-sept ans, presque toujours loin des siens, édifiant tout le monde par sa piété et ses aumônes.

La mère de la princesse d'Hénin était née Cécile-Thérèse Rioult de Cursey, d'une famille alliée aux Berthelot de Pléneuf et ainsi très proche parente de la célèbre marquise de Prie, cette puissante maîtresse du premier ministre, le duc de Bourbon, qui faisait, comme dit le président Hénault, « rouler les amants avec les affaires ». Mme de Monconseil, belle, intrigante et galante, avait aidé à la fortune de son mari. Il faut lire les correspondances ou les mémoires du temps, Mathieu Marais, Voltaire, le président Hénault, Mme du Deffand,

(1) M. Léon Bouyer a donné naguère à la *Nouvelle Revue* une étude très documentée sur le marquis et la marquise de Monconseil, dont sont extraits la plupart des détails biographiques reproduits ici.

l'avocat Barbier, le marquis d'Argenson, pour avoir une idée du cynisme avec lequel certaines femmes du monde faisaient alors servir à leurs intérêts les passions qu'elles inspiraient; ce qui, loin de nuire à leur considération, y ajoutait plutôt de l'admiration pour leur adresse. Des femmes de cette catégorie, Mme de Monconseil était un des exemplaires les plus accomplis. Cette « grande intrigante », comme l'appelle d'Argenson, était en même temps femme d'esprit et même un peu bas-bleu (1). Elle était une des correspondantes en France de lord Chesterfield qui lui trouvait autant d'intelligence que de sentiments élevés. Mais Mme du Deffand ne l'aimait pas. Elle prétendait que si l'on se regardait dans sa cuiller, on pouvait voir en large le portrait de Mme de Cursey, et en long celui de Mme de Monconseil.

Quoique séparée de fort bonne heure de son mari et ne s'étant plus rencontrée que de loin en loin avec lui, Mme de Monconseil avait eu deux enfants, deux filles. L'aînée, de quinze ans plus âgée que la cadette, épousa le marquis de La Tour du Pin Gouvernet, — celui qui fut ministre de la Guerre à la fin du règne de Louis XVI; — la seconde, Adélaïde-Félicité-*Etiennette*, qui naquit à Paris le 9 avril 1750, devait être la princesse d'Hénin.

Pendant vingt-cinq ans, — de 1747 à 1772, — Mme de Monconseil habita, l'été, dans le bois de Boulogne, le château que remplaça le pavillon actuel de Bagatelle. C'était une construction mal entretenue, qui appartenait au Roi, mais dont il cédait la jouissance à des usufruitiers depuis 1715. Dans ce petit palais champêtre, tout délabré qu'il fût alors, Mme de Monconseil donnait chaque année des fêtes qui faisaient le sujet des conversations de tout Paris. Amie de Favart et des comédiens, tout lui était prétexte pour organiser, avec leur concours, quelque divertissement, farci de danses, de féeries, de couplets de circonstance : tantôt pour le mariage de sa fille, tantôt pour la naissance de sa petite-fille, tantôt en l'honneur du maréchal de Richelieu ou du roi Stanislas. C'est à une de ces fêtes que nous voyons Etiennette de Monconseil pour la première fois sur la scène du monde. L'histoire a

(1) On a d'elle un *Portrait du maréchal de Richelieu* qu'un des éditeurs de Sénac de Meilhan (Lescure) a inséré parmi les *Portraits* de cet écrivain (p. 366).

conservé la date et même le récit de ses débuts. Le 3 septembre 1757, sur l'invitation de Mme de Monconseil, qui savait se souvenir avec à propos qu'elle avait été dame d'atours de Catherine Opalinska, le roi Stanislas, revenant de Versailles où, comme tous les ans, il était allé voir sa fille, la reine de France, s'arrêta à Bagatelle. « Au milieu des acclamations d'un peuple immense », selon l'inévitable cliché des comptes rendus des fêtes de ce temps, il fut reçu par deux enfants de sept ans : vêtues en jardinières, elles récitèrent des compliments à ce roi « que l'univers admire » et lui offrirent les fleurs et les fruits « qu'une fée a fait naître sous ses pas ». Ces deux enfants étaient *Bijou*, la fille cadette de Mme de Monconseil, et sa cousine, Mlle de Baye. Compliments, comédie, repas, fête villageoise, chansons, rien ne manqua à ce divertissement imaginé par Mme de Monconseil et réglé par Favart. Tel était le milieu dans lequel grandit la future princesse d'Hénin. Sa mère toutefois avait eu assez de sens pour lui donner d'autres maîtres que des comédiens et pour comprendre que, si Etiennette pouvait parfois jouer son bout de rôle dans les fêtes de Bagatelle, ce n'était là qu'un intermède. Sans que nous ayons beaucoup de renseignements sur l'éducation de sa fille, nous savons qu'elle l'avait mise au couvent. On trouve dans ses papiers plusieurs quittances de la prieure des religieuses bénédictines de Notre-Dame de la Consolation du « Chasse-Midi » de Paris, certifiant « avoir reçu de Madame la marquise de Monconseil la somme de cent vingt-cinq livres pour un quartier de la pension de Mademoiselle sa fille » (1759-1760) (1).

Etiennette avait quinze ans, lorsque, pour se conformer à une mode naissante, autant sans doute que par mesure de précaution, sa mère la fit inoculer. Nous ne nous doutons plus guère aujourd'hui de l'émoi dans lequel cette opération jetait alors ceux qui s'y soumettaient et tout leur entourage : c'était comme si l'on affrontait un des plus cruels ennemis de l'humanité. On tenait le patient en quarantaine, et on ne l'autorisait à reparaître en société que s'il avait été dûment constaté qu'il était sorti triomphant de cette redoutable rencontre. Mlle de Monconseil terrassa le monstre. Pour célébrer

(1) Archives nationales, *T 206*.

son triomphe, sa mère aurait cru se manquer à elle-même si elle n'avait organisé quelque fête : elle composa, de concert avec Favart, un impromptu de théâtre qui eut tellement de succès qu'il reparut, six mois après, sur la scène des Comédiens italiens. En relatant le fait Grimm ajoute : « Mlle de Monconseil, dont la beauté mérite d'être célébrée par tous nos poètes, va épouser M. le prince d'Hénin, de la maison Le Bossu d'Alsace (1) ».

Cette beauté, digne d'être célébrée par les poètes, n'était pas uniquement l'écot dont Grimm payait ses invitations aux réceptions de Bagatelle. Mme de Genlis, qui avait déjà rencontré la jeune fille dans le monde, la vit de plus près, vers cette époque, à l'Ile-Adam. A travers le réseau de réticences dont elle enveloppe la plupart des portraits de femmes qu'elle nous a laissés, elle ne peut s'empêcher d'avouer qu'Etiennette de Monconseil avait alors une « figure charmante ». Elle lui accorde aussi de l'esprit. Mais, à l'en croire, elle était « du nombre, assez grand alors, de ces personnes qui, dans le monde, ne causent que tout bas, seulement avec leurs amis, à table où elles les font placer près d'elles, et hors de table, dans l'embrasure des fenêtres, se persuadant qu'elles ne peuvent être véritablement appréciées que dans le petit cercle de leur intimité. Ainsi leur esprit reste enfoui *dans le sein de l'amitié* et n'est pour le reste du monde qu'une tradition (2) ». Retenons bien ce trait; il est juste : Mme d'Hénin était femme à engouements.

Vingt ans plus tard, de cette beauté vantée par Grimm, concédée par Mme de Genlis, il restait encore à la princesse, malgré la double injure que le temps et la maladie avaient faite à son visage, de quoi permettre à Mme de La Tour du Pin de louer « ses beaux cheveux, ses yeux charmants, ses dents de perles, sa taille superbe et son air supérieurement noble (3) ».

*
* *

Le mariage eut lieu le 29 septembre 1766. Le prince d'Hénin, né à Bruxelles le 28 juin 1744, avait donc vingt-deux

(1) *Correspondance littéraire*, t. VII, p. 137.
(2) *Mémoires*, t. I, p. 381. — Cf. *Mémoires secrets* de BACHAUMONT, 23 août 1774.
(3) *Journal d'une femme de cinquante ans*, t. I, p. 135.

3

ans. Etiennette de Monconseil en avait seize. Sans doute, ce n'était pas un de ces mariages si prématurés, contre lesquels s'élevait en vain la voix de tous les prédicateurs. Ce n'en était pas moins un mariage, comme il s'en faisait si souvent alors, où l'on cherchait avant tout à associer la grande fortune au beau nom, mais dont la chaîne se relâchait promptement d'un commun accord, avec la complicité d'une société tolérante pour les engagements illicites dont cet accord était la conséquence et parfois le prétexte.

C'est à une des plus anciennes familles de l'Europe qu'appartenait Charles-Alexandre-Marc-Marcellin d'Alsace, prince d'Hénin. Elle faisait remonter son origine à un duc d'Alsace du VIIIe siècle, tige des comtes de Flandre et d'Artois et de la maison de Lorraine. Il était lui-même frère cadet du prince de Chimay dont la femme, née Fitz-James, fut dame d'honneur de Marie-Antoinette. Leur père, Alexandre d'Alsace de Bossut, prince de Chimay, servait dans les armées de l'empereur Charles VI et de la reine de Hongrie, où il atteignit au grade suprême de feld-maréchal; il gouverna la ville d'Oudenarde. Leur mère, Gabrielle-Françoise, était la onzième des vingt enfants du prince de Craon et d'une demoiselle de Ligneville; elle avait pour frère le maréchal prince de Beauvau et pour sœurs, entre autres, la maréchale de Mirepoix et la marquise de Boufflers. A n'en juger que par le dehors, Mme de Monconseil ne pouvait donc souhaiter à sa fille une plus brillante alliance : à en juger par le dehors, c'est-à-dire pour la foule et les laquais. Mais, sans être un d'Hozier, tout le monde sait et savait encore mieux alors que, dans l'Empire, il y avait deux sortes de princes : ceux dont les terres avaient été érigées en principauté par des diplômes impériaux et qui faisaient partie du collège des princes dans les différents cercles de l'Empire; seuls ils avaient un titre attaché à la glèbe. Cet avantage était réservé aux aînés des familles. Tel était celui dont jouissait l'aîné de la famille de Chimay. C'est lui qui possédait la terre patronymique, érigée en principauté dès 1486. C'est lui seul qui était reconnu dans l'Empire comme prince possessionné. Les autres princes étaient ou des personnes favorisées du souverain, même chez les puissances étrangères, ou quelques membres de la famille propriétaire du fief. Ils jouissaient de ce titre en vertu d'un brevet personnel de dignité. Tel était le cas du prince d'Hénin, puîné du prince de Chimay (1).

D'après son contrat de mariage, il était dit se marier avec les droits et les biens à lui appartenants. Cadet de famille, il n'avait en réalité ni droits ni biens; du moins, le contrat n'en désigne aucun (2). Il assurait à sa femme un douaire de six mille livres. Mais, sur ces six mille livres, quatre mille venaient d'une pension que le Roi promettait d'accorder à la nouvelle princesse en cas de survie. La princesse de Mirepoix, sa tante, lui avait cédé, dans son hôtel, un appartement de garçon : trop petit pour le nouveau ménage, ils l'échangèrent, une fois mariés, contre une maison que M. et Mme de Monconseil leur abandonnèrent dans la rue de Varennes. Il y a donc plus qu'apparence que Mme de Monconseil qui avait beaucoup gâté sa fille (3), continua à subvenir au train de maison des jeunes époux.

Dans l'hiver qui suivit leur mariage, le 23 janvier 1767, Mme de Mirepoix donna, en l'honneur de la princesse d'Hénin devenue sa nièce, un grand bal à l'hôtel de Brancas. « Il y a vingt-quatre danseurs et vingt-quatre danseuses, écrit Mme du Deffand à Horace Walpole le jour même. Les habits sont de caractère chinois, indiens, matelots, vestales, sultanes, etc., etc. Chaque femme a son partner; les danseurs et danseuses sont divisés en six bandes, chaque bande de quatre hommes et quatre femmes. M. le duc de Chartres et Mme d'Egmont sont à la tête de la première. On répète les danses depuis huit jours chez Mme de Mirepoix ». Mme de

(1) Les armes de la maison étaient de gueules à la bande d'or, accompagnée de six couronnes de même posées en orle.

(2) Toutefois, il convient de dire que, dans les papiers du prince d'Hénin inventoriés après sa mort, on trouva un « acte passé devant notaires contenant partage entre les princes de Chimay et d'Hénin » (16 décembre 1784), et des pièces relatives à des « partage et transaction entre le duc d'Orléans et le prince d'Hénin pour des terres à Avesnes, Chimay, Beaumont, Boussu et Liedekerke (provinces de Hainaut et de Brabant), qui étaient communes entre la maison d'Orléans et les princes d'Hénin et de Chimay » (10 mars 1791). Mais de ces pièces nous n'avons plus aujourd'hui que les vagues indications que l'on vient de lire (Arch. nat., *T 1634*). C'était sans doute sa « légitime » restée jusqu'alors indivise avec son frère.

(3) « Riche, très jolie et passablement enfant gâtée », dit d'elle la vicomtesse de Noailles, qui était sa nièce.

Stainville, qui devait figurer avec le prince d'Hénin, avait été tous les jours à ces répétitions. La fête battait son plein lorsque M. de Stainville qu'on n'attendait pas (car il était en province à sa garnison) fit son apparition. Il était trois heures du matin. Prévenu de la liaison de sa femme avec l'acteur Clairval, il la fit sortir, entra avec elle dans une chaise qui stationnait dans la rue et la mena à Nancy au couvent des dames de la Visitation où elle devait rester confinée jusqu'à la fin de ses jours. Telle était alors la douceur de vivre. Par le témoignage de tous les contemporains, nous savons l'énorme sensation que produisit cette aventure. Si vous croyez cependant qu'elle arrêta le bal de Mme de Mirepoix, vous vous trompez. On se borna à donner au prince d'Hénin une nouvelle partenaire. Avec le beau sang-froid d'une femme qui en avait vu bien d'autres, Mme du Deffand ajouta le lendemain un postcriptum à sa lettre pour dire que le bal avait été « charmant » et qu'il avait duré jusqu'à neuf heures du matin. Mais la princesse d'Hénin, plus impressionnable que la vieille et sèche correspondante de Walpole, ne partagea pas son indifférence. Au sortir même de la fête, — de cette fête donnée en son honneur, — soit que les répétitions l'eussent surmenée, soit que l'esclandre du duc de Stainville lui eût causé une révolution dans le sang, elle fut subitement atteinte d'un « herpès miliaire » qui devait lui gâter à tout jamais le teint.

Il n'est pas nécessaire d'avoir beaucoup d'imagination pour se représenter le désespoir de la jeune femme. Elle avait dix-sept ans. Elle venait de se marier. Elle était très coquette et naturellement très flattée des hommages que lui attirait la fraîcheur de son visage. Elle comptait beaucoup d'admirateurs et même quelques adorateurs. Outre son mari, elle avait sous sa loi le chevalier de Coigny, et si son mari ne lui était attaché que par les liens légers du contrat conjugal, elle tenait à l'autre par toutes les fibres d'un cœur violemment passionné. Le mal qui venait de l'atteindre allait-il détourner d'elle le chevalier de Coigny ?

Des trois fils de ce comte de Coigny que le prince de Dombes avait jadis tué en duel pour un propos malsonnant, le chevalier était le plus jeune. Il avait à peu près l'âge du prince d'Hénin. Beau, aimable et un peu moqueur, toutes les jeunes femmes raffolaient de lui. Malgré l'accident de la princesse, il eut la galanterie de continuer ses assiduités auprès d'elle, et longtemps encore, quoiqu'il eût d'autres liaisons, on persista à le dire son amant. Au surplus, elle n'était pas femme à se laisser supplanter auprès de lui. On raconte que, rencontrant à un bal de l'Opéra la duchesse de Bourbon, elle profita de ce qu'elles étaient masquées toutes deux pour lui dire les choses les plus désagréables sur sa personne et sa conduite. Dans le public on attribua cette scène à ce que Mme d'Hénin, toujours fort éprise de M. de Coigny et jalouse, avait vu une rivale dans la duchesse de Bourbon.

Si l'amant lui resta, le mari la quitta pour retourner aux filles avec lesquelles il passait sa vie. Vainement le prince d'Hénin essayait-il de temps en temps de se raccommoder avec sa femme. Au bout de trois jours, il n'y tenait plus. Il reprenait son train, et la princesse revenait au chevalier de Coigny. La séparation des deux époux finit par devenir tellement notoire que la princesse en parlait à table devant tout le monde sur le ton d'une parfaite indifférence. Un jour, comme elle faisait allusion à la liaison de son mari avec une actrice, et qu'elle se disait charmée qu'il eût ce qu'elle appelait ses *occupations* : « Un homme désœuvré est si ennuyeux ! » ajoutait-elle. « Est-ce que M. le prince d'Hénin a quelque chose à faire ? » reprenait avec une naïveté cousue de malice une jeune mariée présente. « Ce n'est pas chez moi », répliquait la princesse avec le sang-froid le plus détaché. Lorsqu'on a la chance de recueillir de tels propos — j'allais dire de telles perles — de la bouche même des interlocuteurs, à quoi bon s'ingénier à les pasticher dans de froides, dans de laborieuses restitutions ? Cependant, le prince d'Hénin était toujours censé vivre chez sa femme, dans un appartement que Mme de Monconseil lui avait cédé; mais ils étaient aussi étrangers l'un à l'autre que s'ils n'eussent pas été mariés (1).

*
* *

(1) *Mémoires de* Mme D'OBERKICH, t. I, p. 241, et t. II, p. 23. — *Revue rétrospective*, 2e série, t. III, p. 442.

Le prince d'Hénin tient donc peu de place dans la vie de sa femme; il ne lui donna pas même un enfant. Mais il lui donna son nom, et c'en serait déjà assez pour qu'il méritât ici quelques instants d'attention. Frivoles, ses contemporains ont souvent ri de lui : il n'y avait vraiment pas de quoi. Car s'il est des êtres sur lesquels leurs infirmités physiques attirent la compassion, il en est d'autres que leurs tares morales ne rendent pas moins dignes de pitié. Le prince d'Hénin en était un.

On ne sait rien de son enfance. Produit accompli de l'éducation que l'on donnait alors aux rejetons des grandes familles, surtout des familles cosmopolites comme la sienne, on peut croire qu'il ne connut pas sa mère ou que, du moins, il fut élevé par des mains serviles, et que plus tard il ne fut entouré que de flatteurs et d'exploiteurs. Venu de Bruxelles en 1758, c'est-à-dire à l'âge de quatorze ans, il paraît avoir été confié aux soins de sa tante maternelle, la maréchale de Mirepoix, qui n'était cependant pas la femme la plus indiquée pour diriger un jeune homme. Sous les roses dont le duc de Lévis encadre le portrait de la maréchale, il n'est pas difficile d'apercevoir la pointe de quelques épines. C'était une joueuse effrénée qui faisait abus du thé pour soutenir sans défaillance ses interminables parties; c'était la complaisante des amours séniles du roi Louis XV qui l'en récompensait en payant ses dettes; enfin c'était une maniaque qui vivait au milieu d'une ménagerie de chats [1].

Au physique, le prince d'Hénin était petit et de constitution malingre. Au moral, nous venons de le dire, c'était la faiblesse même. Son nom est de ceux qui reviennent le plus souvent dans la chronique scandaleuse du temps. Débauché, oui, certes: mais peut-être le fut-il moins par tempérament que par imitation ou vanité. C'était ce que nous appellerions aujourd'hui un *snob*. Tout en passant sa vie avec des bateleurs, des intrigants, des courtisanes, il ne manquait cependant ni de dignité ni d'esprit. Traité un jour légèrement par le

(1) Duc DE LÉVIS, *Souvenirs et portraits*, p. 61-65. — Cf. *Mémoires* du maréchal prince DE BEAUVAU, appendice, p. 33.

comte d'Artois dont il était capitaine des gardes (1) : « Monseigneur, dit-il, veuillez vous souvenir que si j'ai l'honneur de vous servir, vous avez celui d'être servi par moi ». Ce prince, une autre fois, le plaisantant un peu vivement, le poussait par la tête; d'Hénin l'arrêta en disant : « Ma tête est ici, Monseigneur, pour répondre de la vôtre, mais non pas pour vous servir de jouet ». En opposition au sentiment de la Reine, il s'était prononcé à Fontainebleau en faveur de je ne sais quelle pièce de théâtre qui y tomba à plat. « Eh bien! Monsieur d'Hénin, dit Marie-Antoinette, *votre* pièce est tombée. — Oui, Madame, à la Cour; c'est pour cela qu'elle réussira à Paris (2) ».

De toutes les « occupations » du prince d'Hénin, la chronique n'a guère retenu que celles qu'il eut avec deux des plus célèbres actrices du temps, l'une de l'Opéra, l'autre de la Comédie-Française, Sophie Arnoult et Mlle Raucourt. Auprès de Sophie il succédait, entre autres, au comte de Lauraguais. On connaît le tour que son prédécesseur lui joua. Quand il apprit sa disgrâce, il assembla en consultation quatre docteurs de la Faculté et leur soumit gravement le cas suivant : Peut-on mourir d'ennui? Ils rédigèrent une ordonnance aux termes de laquelle il fallait distraire le malade et surtout lui ôter de la vue l'objet qui causait son mal. Muni de cette pièce, Lauraguais se rend chez le commissaire et le somme d'interdire au prince d'Hénin toute visite chez Sophie Arnould qu'il fait périr de consomption, au grand dommage du public dont elle était l'idole. Cette farce valut à Lauraguais un coup d'épée de son rival: mais elle avait mis les rieurs de son côté (3).

On connaît encore le quatrain :

Chez la doyenne des catins
Ta place est des plus minces :
Tu n'est plus le prince d'Hénin,
Mais bien le nain des princes (4).

(1) Une ordonnance du 17 novembre 1773 avait créé deux compagnies de gardes du corps du comte d'Artois. Le prince d'Hénin commandait la compagnie d'Alsace.

(2) *Souvenirs* du comte DE TILLY, p. 232-234.

(3) *Paris, Versailles et les provinces*, t. I, p. 134.

(4) *Correspondance secrète*, éd. LESCURE, t. I, p. 289. — *Paris et Versailles, journal anecdotique de 1762 à 1789*, publié par C. HIPPEAU, p. 135. Ces vers, attribués à Champcenetz, lui coûtèrent un duel et dix ans d'exil dont six mois dans un château-fort. Ils étaient, paraît-il, du marquis de Louvois, qui laissa, sans rien dire, blesser l'usurpateur.

Mlle Raucourt occupa plus longtemps le prince d'Hénin. Cette actrice avait débuté aux Français le 23 décembre 1772, dans la tragédie et le rôle de *Didon*. « On ne peut exprimer, dit Bachaumont, la sensation qu'elle a faite, et de mémoire d'homme, on n'a rien vu de pareil. Elle n'a que seize ans et demi; elle est faite à peindre; elle a la figure la plus belle, la plus noble, la plus théâtrale, le son de voix le plus enchanteur, une intelligence prodigieuse; elle n'a pas fait une fausse intonation; dans tout son rôle très difficile, il n'y a pas eu le plus léger contresens, pas même de faux gestes. Un peu de roideur et d'embarras dans les bras est le seul défaut qu'on lui ait trouvé. Elle a ravi généralement. Ellé est élève du sieur Brizard et a appris dix-neuf rôles en six mois. C'est un vrai prodige, propre à faire crever de dépit toutes les concurrentes les plus consommées [(1)] ».

Tel que nous connaissons le prince d'Hénin, la conquête d'un pareil phénomène devait être sa suprême ambition. Sans fortune personnelle, c'est sans doute du jeu qu'il tira l'argent dont il la combla. Il n'est point de folies qu'il n'ait faites pour elle, et comme elle était insatiable, elle le cribla de dettes [(2)]. A une époque où l'on était blasé sur le scandale de telles liaisons, l'éclat de celle-ci fut si grand que la police dut intervenir. Le 2 novembre 1782, le ministre de la Maison du Roi écrivit au lieutenant général de police pour l'inviter à défendre à Mlle Raucourt de paraître en public dans une voiture aux armes du prince d'Hénin et de vêtir ses domestiques de la livrée du prince. Mais autant en emporte le vent. Cinq ans plus tard encore, lorsque Mme de Gouvernet, nouvellement mariée, fit sa première apparition à la promenade de Longchamp avec Mme d'Hénin, elles croisèrent plusieurs fois, dans la file des équipages, la voiture de Mlle Raucourt

(1) *Mémoires secrets*, t. VI, p. 288.

(2) Elle alla jusqu'à faire de lui un homme indélicat. C'est ainsi que la princesse d'Hénin ayant passé, le 22 décembre 1782, un bail à vie de son hôtel de la rue de Varennes pour vingt mille livres, le prince d'Hénin, entre les mains de qui le notaire avait versé cette somme, la garda pour lui. Sur la demande de la princesse, le Châtelet prononça entre eux, le 5 juin 1784, une séparation de biens. Dix jours plus tard, la princesse mettait une partie de son bien en viager. L'année suivante, on la voit acheter encore cinq mille livres de rentes viagères, moyennant cinquante mille francs payés comptant (Arch. nat., Y *9118*; ibid., *T 1634*). A la suite de cette séparation, le prince d'Hénin, à bout de ressources, força son frère aîné à sortir de l'indivision.

absolument semblable à celle dans laquelle ces dames étaient elles-mêmes. « Chevaux, harnais, habillement des gens, tout était si parfaitement pareil qu'il semblait, dit-elle, que nous nous vissions passer dans un miroir ». Mais il ne suffit pas de dépenser, il faut payer. Dès le mois de décembre 1781, Mlle Raucourt est harcelée par ses créanciers. Pendant des années, le prince d'Hénin sollicita un « saufconduit » pour mettre sa maîtresse à l'abri de leurs poursuites. C'était courant alors. Mais ce que l'on comprend moins, c'est la faiblesse du ministre qui lui accordait sa protection. A la longue cependant, il se lassa. Le 23 novembre 1785, tout en lui envoyant un nouveau sauf-conduit, le baron de Breteuil fit observer au prince que ces sortes de grâces ne pouvaient être éternelles; que Mlle Raucourt en jouissait depuis le mois de novembre 1781; que quatre ans avaient dû suffire pour arranger ses affaires, si elles étaient susceptibles de l'être, et qu'il ne lui était plus possible de lui faire espérer un nouveau délai à l'expiration de celui-ci. Le ministre tint-il parole? On voudrait et l'on peut l'espérer, car, à partir de cette dernière date, sa correspondance est muette sur les sauf-conduits. Néanmoins le prince d'Hénin, à l'aide de quelles ressources? on l'ignore, continua à servir à Mlle Raucourt une rente de dix-huit mille livres. La dernière quittance de l'actrice est du 1er janvier 1792 (1).

Cependant, n'eussent été les désordres de sa vie privée, il est plus que probable que personne n'aurait jamais eu à parler du prince d'Hénin. Capitaine des gardes du comte d'Artois, il fut un des compagnons de plaisirs de ce prince dont la jeunesse, comme l'on sait, ne manqua pas de distractions. Pour un franc serviteur, tel que le bailli de Crussol (qui commandait l'autre compagnie de ses gardes), le comte d'Artois rassemblait autour de lui vingt complaisants, au premier rang desquels on voit partout le prince d'Hénin. Il leur donnait de petits soupers que Louis XV — qui avait un faible pour le plus jeune de ses petits-fils — faisait faire par le chef de cuisine de ses cabinets, et pour lesquels il fournissait les meilleurs de ses vins. C'est là que d'Hénin apprenait, de

(1) Arch. nat., O¹ *493*, p. 515; *496*, p. 617; Ibid., *T 1654*. — *Mémoires secrets*, t. XVIII, p. 214. — *Journal d'une femme de cinquante ans*, t. I, p. 135.

la bouche même du prince, tout ce qui s'était passé, dit ou projeté pendant la journée dans l'intérieur de la famille royale, et c'est de là que, gazette vivante, il allait ensuite le colporter dans les cercles fort mélangés qu'il fréquentait. Lors de la chute du duc de Choiseul, événement qui partagea en deux camps ennemis non seulement la cour et la ville, mais encore les membres de certaines familles, le prince, sortant sans doute d'un de ces soupers, accourut, un soir, chez sa tante, Mme de Beauvau, restée fidèle aux Choiseul, pour lui rapporter les bruits d'exil qui couraient contre les pairs et capitaines des gardes du Roi trop amis du ministre disgracié [1]. D'Hénin, que ses obligations envers son autre tante la maréchale de Mirepoix inclinaient vers la cabale d'Aiguillon dont elle était elle-même un des principaux appuis, eut l'imprudence de le montrer. Mme du Deffand, très attachée, comme l'on sait, à la duchesse de Choiseul, était présente: elle le remit prestement à sa place : « Le petit d'Hénin, mandait-elle le soir même à la duchesse, a parlé comme un fou; j'ai pris la liberté de le faire taire et de lui dire qu'il se faisait un tort infini en donnant une très mauvaise opinion de son caractère [2] ».

Le prince d'Hénin accompagna le comte d'Artois dans un voyage d'étude, au début du règne de Louis XVI, sur les côtes de l'Océan. Plus tard, en 1782, le Roi ayant autorisé son plus jeune frère à aller servir en volontaire au siège de Gibraltar, le prince s'y fit suivre d'un nombreux et brillant état-major dont les deux capitaines de ses gardes ne pouvaient manquer de faire partie.

Depuis lors et jusqu'au lendemain de la prise de la Bastille, il ne paraît s'être passé dans la vie du prince d'Hénin rien de particulièrement intéressant. Le 16 juillet 1789, profitant des ombres de la nuit, le comte d'Artois, muni d'un passeport de Lafayette, s'enfuit avec le prince d'Hénin, le comte de Vau-

(1) Lors du lit de justice que le Roi tint à Versailles en 1771 pour la destruction du parlement de Paris, le prince de Beauvau, qui, comme capitaine des gardes, y avait voix délibérative, se joignit aux treize pairs qui votèrent contre l'édit de suppression.

(2) *Mémoires* du duc DE CARS, t. I, p. 120 et 127. — *Correspondance* de Mme DU DEFFAND *avec la duchesse de Choiseul*, t. I, p. 402. — P. DE NOLHAC, *La Reine Marie-Antoinette*, p. 187.

dreuil et plusieurs autres gentilshommes de ses amis ou de sa maison. Ensemble ils gagnèrent à cheval Chantilly. De là, une voiture du prince de Condé les emmena à la poste la plus voisine d'où ils se dirigèrent sur Valenciennes. Puis ils passèrent la frontière. Ce furent les premiers émigrés.

Mais le prince d'Hénin ne tarda pas à rentrer en France. Ayant mis en sûreté le comte d'Artois dont la garde lui avait été confiée, considéra-t-il sa mission comme terminée auprès de lui? Parti à l'improviste, sans argent, comprit-il qu'il ne pourrait vivre à l'étranger aux crochets d'un prince aussi dépourvu de ressources que lui-même? Enfin, comme le duc d'Orléans, le duc de Biron, Lafayette, les Dillon et autres gentilshommes de ses amis ou connaissances qui versèrent dans la Révolution, se laissa-t-il séduire par les idées nouvelles, parce qu'elles étaient nouvelles et parce que c'était un gobe-mouches? On ne saurait dire. Mais il y a, dans un « avis motivé » de l'administration sur une demande en radiation d'émigrée de la princesse d'Hénin, un mot qui ferait croire que le prince, son mari, céda à ce dernier caprice. « Rien ne prouve, lit-on dans cette consultation, que Mme d'Hénin ait nui à la cause de la Révolution; *son mari l'avait embrassée* (1) ». Rapprochez ce mot du jugement qu'a porté sur lui le comte de Tilly : « Ce pauvre seigneur... avait un mauvais esprit qui ne savait pas s'arrêter. Il a représenté, depuis, dans une grande tragédie où le dénouement était toujours amené par la hache révolutionnaire, sans savoir au juste à quel parti il avait appartenu et quelles opinions il avait professées... Le prince d'Hénin avait une grande naissance, et il plaçait tout son orgueil, toute son aptitude à faire sans cesse tout ce qui y était le plus opposé; il possédait complètement cette philanthropie niaise qui fait aimer tout le monde, parce qu'on ne se soucie de personne (2) ». En lisant ce portrait, on ne peut s'empêcher de penser au duc d'Orléans, Philippe-Egalité. D'Hénin était de ses amis. Ils eurent même vie et même destin : car, après avoir imité le duc d'Orléans dans ses débordements, il devait l'imiter jusque dans sa mort. Quel fut le rôle du ci-devant prince dans cette grande tragédie? Apparemment

(1) Arch. nat., *BB*[30] *147*.
(2) *Souvenirs*, p. 222.

un rôle de comparse, car sur cette vaste scène, on ne le voit se détacher nulle part. Quoi qu'il en soit, impliqué dans cette fameuse conspiration des prisons qui fit tomber tant de têtes inconscientes de leur crime, le 7 juillet 1794, vingt jours avant la chute de Robespierre, le ci-devant prince d'Hénin monta avec cinquante-huit autres condamnés, dans une des charrettes que l'exécuteur des jugements criminels conduisit vers la place du ci-devant Trône, et il y subit la peine de mort[1].

Devant l'horreur d'une pareille fin, on est pris d'inquiétude. Le prince d'Hénin, dans nos appréciations sur lui, ne serait-il pas victime d'une injustice? Issu d'autres parents, élevé par d'autres mains, grandi dans une autre atmosphère, qui sait si, au lieu d'exciter la risée des uns, le mépris des autres, le « nain des princes » n'eût pas développé les réelles qualités qui cohabitaient en lui avec ses défauts, et ne fût pas devenu sinon l'orgueil des siens et l'honneur du pays, du moins un homme de mérite, comme il y en avait alors, même dans l'entourage du comte d'Artois? Et, de déductions en déductions, qui sait si, homme de mérite, il ne se fût pas attaché sa femme, dégageant en elle aussi, à son profit et au profit de la morale, les éminentes vertus qui coexistaient aussi en elle pêle-mêle avec tant de travers? Qui sait enfin si, homme de mérite comme le chevalier de Crussol, par exemple, ils n'eussent pas, à eux deux, dégoûté le comte d'Artois dont ils avaient la garde, du genre de vie qu'il mena dans sa jeunesse, et fait de lui le prince qui manqua à la France aux dernières heures de la monarchie?...

Le mariage d'Etiennette de Monconseil l'avait introduite dans une société à plusieurs égards fort différente de celle où elle avait passé son enfance, la société des Beauvau. Oncle maternel du prince d'Hénin, le prince de Beauvau s'était marié deux fois. Sa première épouse lui avait donné une fille que la seconde avait élevée comme si elle eût été la sienne; étant elle-même une femme accomplie, elle avait fait de la fille de son mari une perfection. Aux agréments extérieurs la princesse de Beauvau joignait une politesse pleine de naturel, le caractère le plus aimable, l'esprit le plus cultivé, le jugement

(1) Arch. nat., *W 409*, nº 941.

le plus sûr, une âme dont la chaleur allait quelquefois jusqu'à l'enthousiasme. Son grand art comme son attention continuelle était d'honorer son époux. A l'entendre, c'était toujours à M. de Beauvau qu'on devait rapporter tout le bien qu'on louait en elle [(1)].

Le prince méritait cet hommage. Capitaine des gardes du corps du roi depuis la mort du duc de Mirepoix, son beau-frère, membre de l'Académie française en 1771, maréchal de France en 1783, il unissait aux dons de la naissance et de la fortune la droiture du caractère, la noblesse des sentiments, l'incessant désir du bien public. Parvenu aux plus hautes dignités, il aventura plusieurs fois (notamment lors de la disgrâce du duc de Choiseul) les places qu'il avait obtenues par l'indépendance et l'énergie de ses opinions. Il rassemblait chez lui les représentants les plus brillants de l'aristocratie, les écrivains les plus distingués, les promoteurs les plus en vue des idées nouvelles [(2)].

Le salon de Mme de Beauvau exerça sur la jeune princesse d'Hénin une influence extraordinaire; elle y passait sa vie. Elle y noua des relations, des amitiés que ni la différence des caractères, des éducations et des mœurs qui était cependant très grande, ni les vicissitudes du temps qui furent prodigieuses, ne devaient rompre; que dis-je? elles s'y retrempèrent et s'y fortifièrent, au point que la mort seule put les briser.

Dans cette société si intéressante par sa variété même, Mme d'Hénin distingua tout de suite et comme par une impulsion naturelle trois jeunes femmes : la princesse de Poix, la duchesse de Lauzun et la princesse de Bouillon. La princesse

(1) MARMONTEL, *Mémoires d'un père*, liv. IX. — Duc DE LÉVIS, *Souvenirs et portraits*, p. 95. — Duchesse DE LUYNES, *Hommage à la mémoire de Mme la princesse de Beauvau*, dans la *Correspondance de Mme du Deffand* (recueil Sainte-Aulaire), t. III, appendice. — Mme STANDISH, *Souvenirs de la maréchale de Beauvau*, introduction. Cf. le portrait que Saint-Lambert a tracé d'elle lorsqu'elle était encore Mme de Clermont d'Amboise (*Mémoires* du maréchal prince DE BEAUVAU, p. 48).

(2) Mêmes sources. — L'étude de la langue était son occupation favorite; personne ne parlait plus purement que lui. Mme du Deffand, à qui Walpole avait reproché une locution qu'il trouvait vicieuse, recourut au prince de Beauvau, qui la justifia. Chamfort disait de lui : « Quand je le rencontre et que je passe dans l'ombre de son cheval, j'ai remarqué que je ne fais pas une faute de français de toute la journée ».

de Poix était contrefaite, boîteuse, impotente une grande partie de l'année; mais ses souffrances n'altéraient ni les charmes de son visage, ni ceux de son esprit, ni même sa gaieté. Elle était à peu près du même âge et s'était mariée presque en même temps que la princesse d'Hénin. Elle avait épousé le fils aîné du maréchal de Mouchy (1).

Besenval ne reconnaît qu'un seul mérite à la maréchale de Luxembourg, c'est la manière dont elle avait élevé la duchesse de Lauzun, sa petite-fille. Résumant tous les portraits que les contemporains (sauf un, son mari) nous ont transmis de cette créature idéale, les Goncourt disent que la jeunesse était en elle comme une sainteté. « La naïveté, la noblesse, une décence digne et séduisante donnaient à son regard, à sa physionomie une expression céleste. Ses paroles, ses mouvements, toute sa personne respiraient une sorte de vertu virginale; et l'on eût dit qu'en passant elle laissait se répandre autour d'elle la pureté de son âme. Vivant dans le monde, de la vie du monde, elle se gardait de toutes ses atteintes. Rougissant pour un regard, troublée pour un rien, elle plaisait sans coquetterie, elle charmait comme l'Innocence dont elle semblait le portrait imagé ».

Quant à la princesse de Bouillon, elle n'avait jamais été jolie. Née princesse de Hesse-Rothenbourg, c'était une grande Allemande dégingandée, squelette de maigreur, avec un visage plat, un nez retroussé, de vilaines dents et des cheveux jaunes. Mais, pour Allemande qu'elle était, elle avait un esprit prodigieux et l'air le plus distingué. Elle donnait dans son hôtel du quai Malaquais des soupers dont les habituées étaient la duchesse de Lauzun, Mme de la Trémouille, la marquise de La Jamaïque, la princesse d'Hénin. Au rapport des médi-

(1) Sur l'amitié de Mme d'Hénin pour Mme de Poix, amitié si exagérée dans ses effusions qu'elle en paraissait affectée, on trouve dans les *Mémoires* de Mme DE BOIGNE une anecdote que l'on colportait dans son entourage sous le Consulat. Un soir que la princesse d'Hénin avait quitté Mme de Poix plus souffrante que d'habitude, elle lui écrivit un billet que son valet de chambre devait lui porter le lendemain. Escomptant ses inquiétudes de la nuit, elle l'assurait d'avance qu'elle n'en avait pas dormi, alors qu'elle n'était même pas encore au lit (*Mémoires*, t. III, p. 4-5). A la vivacité du récit, à la précision des détails qui nous sont donnés, on devine que c'est là un pur badinage, une de ces broderies dans lesquelles se complaisait l'imagination fertile de l'ingénieuse et malicieuse mémorialiste. L'anecdote n'en est pas moins précieuse comme indication.

sants, le dessert de ces repas était la venue du chevalier de Coigny et de M. de Castries, fort occupés le premier de Mme d'Hénin, le second de la maîtresse de la maison [1].

Ces quatre dames, liées par une amitié qui, à leurs yeux, était une sorte de religion, se soutenaient, se défendaient les unes les autres, adoptaient les opinions, les goûts, les idées de chacune, protégeaient, envers et contre tous, les autres jeunes femmes qui s'attachaient à quelqu'une d'entre elles. On ne tarda pas à les appeler dans le monde les *princesses combinées*. Un contemporain qui avait fait de longs séjours à l'étranger, nous assure qu'en aucun lieu de l'Europe on ne rencontrait une société plus aimable, plus vive, plus animée et d'un goût aussi délicat que celle des princesses de Poix, de Bouillon et d'Hénin. « On y voyait réuni tout ce qui peut plaire. C'était l'image d'une ancienne cour rajeunie par des grâces nouvelles [2] ».

*
* *

En 1778, la princesse d'Hénin fut nommée dame du palais de la reine, au grand déplaisir d'ailleurs du comte de Mercy-Argenteau, ambassadeur de la cour de Vienne, qui trouvait qu'elle manquait de « considération [3] ». Pour échauffer la bile de Mercy, il suffisait que la nomination de Mme d'Hénin fût due à la demande du comte d'Artois que l'ambassadeur voyait d'un mauvais œil, pour des raisons où la considération n'entrait pour rien. Le comte d'Artois aimait beaucoup la femme de son capitaine des gardes; il ne l'appelait jamais que « ma chère princesse »; il avait pour elle des attentions

(1) *Mémoires* DE BESENVAL, t. I, p. 221. — BARRIÈRE, *Tableaux de genre et d'histoire*, p. 207. — Duc DE LÉVIS, *Souvenirs et portraits*, p. 55. — *Lettres de* Mme DU DEFFAND *à Walpole*, 20 février 1767. — Comte D'HAUSSONVILLE, *Le salon de Mme Necker*, t. I, p. 235. — *Mémoires de* Mme DE GENLIS, t. I, p. 382. — *Mémoires* de la baronne D'OBERKIRCH, t. I, p. 240. — Edmond et Jules DE GONCOURT, *La Femme au XVIIIe siècle*, p. 79 et 511. — *Mémoires* du maréchal prince DE BEAUVAU, p. 60, 88, 112, et appendice, p. 31. — *Journal d'une femme de cinquante ans*, t. I, p. 133 et suivantes.

(2) Comte DE SÉGUR, *Mémoires ou souvenirs*, t. I, p. 360. — *Journal d'une femme de cinquante ans*, t. I, p. 133-134.

(3) *Correspondance secrète*, t. III, p. 177. — Mme d'Hénin n'a pas échappé aux libellistes. Elle est citée dans une chanson ordurière contre Marie-Antoinette composée à l'occasion de la naissance du dauphin (J. FLAMMERMONT, *Correspondance des agents diplomatiques...*, p. 486).

particulières, et, comme il avait alors l'avantage de ne rien se faire refuser par Marie-Antoinette, la Reine, sur sa recommandation et sans égard pour son mentor, prit la princesse dans sa maison. Au surplus, n'avait-elle pas déjà pour dame d'honneur la princesse de Chimay, belle-sœur de Mme d'Hénin?

Une estampe bien connue de Moreau le jeune représente la « dame du palais » de la reine Marie-Antoinette. S'il n'est pas certain que la princesse d'Hénin ait posé devant l'artiste, posons-la nous-mêmes devant nous dans ce grand costume de cour qui fut le sien. D'une taille au-dessus de la moyenne, mais bien proportionnée, consciente du prestige qui s'attache à sa toilette et à sa charge, elle s'avance dans la salle du trône. Précédée de deux petits pages, elle est suivie d'une autre dame, une femme de chambre sans doute, bien que presque aussi parée qu'elle, qui se penche fortement en avant pour recevoir d'elle un ordre ou une commission. En arrière et au second plan, trois courtisans causent entre eux : l'un a l'habit barré par le cordon du Saint-Esprit; un des deux autres, vu de face, ressemble au comte de Vaudreuil. Avant de s'habiller, la dame du palais est restée deux heures entre les mains de son coiffeur qui lui a roulé, des deux côtés de la tête, les quatre ou cinq rangs de boucles de cheveux à la mode, réunies au sommet par une couronne de fleurs et surmontées de deux plumes de héron, comme il sied pour faire sa cour; car vous savez, par la disgrâce du duc de Lauzun, le béguin de Marie-Antoinette pour le plumage de cet échassier. Un groupe de trois perles en poire pend à ses oreilles. Un collier de diamants lui serre étroitement le haut du cou, tandis qu'un autre lui descend en pente douce sur la poitrine. Sa robe est en soie jaune paille : d'imperceptibles bretelles, dissimulées sous une guirlande de bleuets, rattachent à ses épaules un corsage de même étoffe largement ouvert. Le haut du buste est nu, laissant s'épanouir en toute liberté une chair féminine dans tout l'éclat de sa seconde jeunesse. Au-dessous du fourreau du corsage, la jupe s'étale majestueusement sur un immense panier. Mais, pour éviter la monotonie d'une étoffe tout unie, le couturier l'a traversée de larges applications de dentelle blanche bordées et enguirlandées de petits bouillons de gaze bleue qui alternent avec des bouquets de roses. On aperçoit, ramenée sur le côté, l'extrémité d'une traîne interminable. La dame du palais tient dans sa main gantée de blanc un éventail ouvert de nuance assortie. On ne peut imaginer un habit de cour plus somptueux, porté avec plus de noblesse et d'aisance.

La princesse d'Hénin était femme à se parer d'un tel costume. Tous ceux qui l'ont connue s'accordent à reconnaître le grand air de sa personne et l'élégance de son goût. Et de fait, si nous avions l'indiscrétion d'ouvrir le meuble où elle serrait les factures de ses fournisseurs (1), nous y trouverions l'appréciation de ses contemporains confirmée par le choix des maisons qu'elle honorait de sa clientèle, par la richesse des commandes qu'elle leur faisait, par le budget qu'elle y consacrait.

A Paris, ce sont les demoiselles Picot et Defaux, modistes et couturières, rue Saint-Honoré, à côté de l'hôtel d'Aligre, à l'enseigne de la *Corbeille galante*, qui avaient ses préférences. Elles lui garnissaient ses robes et surtout ses habits de cour et de bal. Cela n'empêchait pas la célèbre Mlle Bertin, du *Grand-Mogol*, de travailler aussi pour la princesse : le 21 avril 1781, par exemple, elle lui présentait « un pouf ajusté, bordé d'une grosse draperie de crêpe rayé de perles blanches, avec une plume de héron grise et blanche posée à gauche et un nœud derrière ». Une maison qui rivalisait avec le *Grand-Mogol*, la maison Le Normand et Cie, était encore une de celles auxquelles Mme d'Hénin confiait souvent le soin de mettre en œuvre les étoffes qu'elle achetait chez Lévesque-Lefebvre, les grands marchands de la rue Saint-Denis, à l'enseigne de la *Ville de Lyon*. C'est Lestrelin, rue Grenier-Saint-Lazare, qui lui fournissait ses dentelles; c'est Ibert, de la place du Palais-Royal, qui lui taillait ses amazones. Elle n'hésitait pas à s'adresser directement à la Compagnie des Indes qui se chargeait de ses commissions en Orient et jusqu'en Chine. Le 10 mars 1785, elle faisait au capitaine du vaisseau *le Dauphin* une avance de 5.876 livres pour être

(1) La Révolution a eu cette indiscrétion. Après que Mme d'Hénin eut émigré, les agents du fisc pénétrèrent dans sa maison. Ils firent main basse non seulement sur ses biens déclarés vacants et sans maître, mais encore sur tous ses papiers. Ils les classèrent et les étiquetèrent très soigneusement, puis les enfermèrent dans des liasses, où ils sont encore aujourd'hui (Arch. nat., *T 206*[2-8]).

employée par lui d'après les indications d'une note qu'elle lui avait fait remettre avec dessins et modèles. Et cette note contenait une commande de 354 aunes de lampas, de 250 aunes de damas et de trois pièces de pékin blanc (1). Elle achetait ses gants chez Prévost : en moins d'un an, — du 13 janvier au 24 décembre 1780, — il lui en apprêtait soixante-quatorze paires, des blancs, des gris, fin glacés, amazone, en peau de chien et autres. La princesse, qui cependant ne sortait guère à pied, usait presque autant de chaussures. Du 22 mai 1776 au 16 octobre 1780, Gillès, le fameux cordonnier, lui en avait confectionné soixante paires, parmi lesquelles ses mémoires énumèrent des bottines de taffetas, de satin ou de maroquin, des « sabots » de taffetas blanc brodé en argent; de satin jaune brodé de soie Malte; de satin bleu brodé de soie blanche; de soie blanche, puce, bleue, grise ou noire ou chamois; de satin rose, les attaches vertes; de satin « crapeau » garni en blanc. Marchant peu, elle avait ses porteurs de chaise attitrés. Nous savons jusqu'à leur nom : l'un s'appelait Godefroy et l'autre Mauger. Ils demandaient douze sous par course : du 15 mars au 30 novembre 1782, ils en firent cent deux; du 15 novembre 1784 au 2 juillet 1785, ils en firent cent quatre-vingt-douze. Au verso d'une de leurs quittances, on voit que Mme d'Hénin a écrit l'adresse de Lafayette : « A Chavagnac, par Brioude, en Auvergne ».

C'est Langlois, de la rue de l'Arbre-Sec, qui était son orfèvre; c'est Bréguet qui remontait ses pendules, à raison de vingt-quatre livres par an. Son coiffeur des grands jours était le célèbre Léonard Autié, le coiffeur en titre d'office de Marie-Antoinette. En 1779, il lui fit treize coiffures pour Marly, treize pour Versailles, quatre pour Paris. La coiffure pour Versailles ou Marly coûtait douze livres; pour Paris six seulement. Le 18 octobre 1778, il lui monta un héron du prix de vingt-quatre livres. Léonard avait donné quelques leçons de son art à une des femmes de chambre de la prin-

(1) Rappelons que le lampas était une étoffe de soie qu'on tirait autrefois de la Chine, à grands dessins tissés en relief le plus souvent sur un fond de couleur différente. Le damas était une étoffe de soie dont le tissu présentait des fleurs et des dessins. Enfin, le pékin était une étoffe de soie où une raie satinée alternait avec une raie mate.

cesse : il réclama cent quarante-quatre livres pour cet apprentissage.

Lorsque Mme d'Hénin perdit son père, Mandron, « marchand tapissier pour la partie des deuils », vieille rue du Temple, drapa son appartement : il tendit de drap noir l'antichambre et la salle à manger, avec dessus de portes, housses de chaises, de fauteuils, de glaces et de croisées: il tendit de drap gris le salon, y compris deux canapés, un écran, un lustre et deux tours de commode, le tout pour une durée de treize mois et demi, « ainsi qu'il est d'usage ».

Le marchand de vin de la princesse était Baudoin, « l'un des douze marchands de vin du Roy ». Mais elle devait en avoir d'autres, car c'est à peine si l'on voit Baudoin lui descendre dans sa cave plus d'une centaine de bouteilles, deux ou trois fois l'an.

En revanche, on possède encore de son apothicaire de longs relevés de comptes pour sa maison. Quelques-uns de ses remèdes nous paraissent bizarres aujourd'hui : des chopines d'eau de frai de grenouille; une once de pignons doux; une bande de « triapharmacum »; du tartre vitriolé de Takenius; de l'oximel scillitique: une opiate avec kinkina *(sic);* un pot de pommade faite avec de la graisse d'anguille...

La bibliothèque de Mme d'Hénin était aussi considérable que variée : évidemment, elle en tenait une grande partie de sa mère qui était lettrée. Au hasard des mémoires de son relieur, notons : l'œuvre de Mlle de Scudéry; l'*Année littéraire* de Fréron; le théâtre de Marivaux, de Molière, de Racine, de Shakspeare; un recueil de lettres de Voltaire; les *Mémoires d'un homme de qualité* de l'abbé Prévost; un *Théâtre à l'usage des jeunes personnes* et un *Théâtre de société;* Cicéron, Tacite. Buffon: la Vie de Mme de Chantal. fondatrice de la Visitation: trois volumes des *Révolutions romaines;* le *Journal* de Henri IV; l'*Histoire d'Angleterre* de Smolett; les fables de La Fontaine: les lettres de Mme Dunoyer; l'*Art de régler les pendules; le Voyageur français; les Principes de morale* de M. Moreau; la *Bibliothèque des romans;* les *Œuvres* de Pope; les poésies d'Horace; le *Plutarque français;* quatre volumes de Mme de Genlis; les *Maximes* de La Rochefoucauld; les *Lettres* de Voiture; celles de Chesterfield; les *Annales de la vertu;* les *Lettres édifiantes et curieuses des pères missionnaires*, etc.

La princesse d'Hénin avait un appartement dans la maison de sa mère à la Chaussée-d'Antin. Mais elle habita communément d'abord rue Sainte-Anne et plus tard rue de Varennes. L'été, elle s'installait à Passy qui était alors un village fréquenté du beau monde comme nos plages d'aujourd'hui. L'hiver, elle allait souvent au spectacle; elle partageait avec le duc de Chabot une loge à l'Opéra. Était-elle musicienne? Il se peut qu'elle chantât. Mais, dans ses diverses demeures, on ne voit ni harpe ni clavecin; dans ses livres ni une partition ni un ouvrage quelconque de musique.

D'un valet de chambre nommé Silvestre elle avait fait son factotum. Silvestre était le commissionnaire de la princesse; il donnait aux pauvres ses aumônes; il lui prêtait de l'argent pour payer comptant ses fournisseurs, il distribuait ses étrennes aux facteurs de la grande et de la petite poste. Lorsque la femme de chambre qui coiffait Mme d'Hénin était absente ou malade, c'est Silvestre qui prenait le peigne et accommodait sa maîtresse : il avait appris sur une petite fille qui lui avait prêté sa tête. L'Auvergnat qui montait l'eau, le marchand de bois qui garnissait le bûcher, le boucher qui apportait les viandes recevaient de lui ce qui leur était dû. Silvestre avait en mains la bourse du voyage lorsque Mme d'Hénin allait voir son père en Saintonge. Il tenait aussi dignement son rang que régulièrement ses comptes. Il se faisait vêtir à Paris chez un tailleur qu'il payait à l'échéance, ce que Chateaubriand n'a jamais fait.

Les papiers de Mme d'Hénin ne manquent donc pas d'intérêt : ils nous la montrent tantôt chez elle prenant son chocolat du matin pendant qu'une de ses femmes lui lit le *Mercure;* tantôt en costume de cour faisant son service auprès de la Reine, en habit de ville courant les magasins suivie du fidèle Silvestre qui portait les paquets; tantôt dans sa chaise allant voir ses amies. Un peu d'imagination aidant, ces papiers d'affaires, ces notes de fournisseurs suffiraient à replacer Mme d'Hénin dans son cadre, dans le décor et dans l'intimité de sa vie de grande dame du temps de Louis XVI.

⁂

En cette fin du XVIIIe siècle, le souci des affaires publiques agitait la société. C'était le thème universel des conversations; tout le monde s'en mêlait; chacun se croyait propre à gouverner. Toutes les opérations des ministres étaient soumises à la discussion et presque toujours à la critique dans les salons de Paris. Les jeunes femmes elles-mêmes n'étaient pas exemptes de ce travers. « Je me rappelle, dit Talleyrand, qu'à un bal, entre deux contredanses, Mme de Staël apprenait à M. de Surgères ce que c'était que le domaine d'*Occident* (1); Mme de Blot avait une opinion sur tous les officiers de la marine française; Mme de Simiane trouvait qu'il ne fallait point mettre de droits sur les tabacs de Virginie. Le chevalier de Boufflers, qui avait quelques lettres du prince Henri de Prusse dans son petit portefeuille, disait que la France ne reprendrait sa prépondérance politique qu'en abandonnant l'alliance de l'Autriche pour celle de la Prusse. « Il y a bien plus d'ins» truction dans le parlement de Rouen que dans celui de » Paris », disait Mme d'Hénin. « A la place du Roi, moi je » ferais telle chose », disait M. de Poix. « A la place de M. le » comte d'Artois, je dirais au Roi... » disait Saint-Blancard, etc. (2) ». Nulle part peut-être ces questions n'étaient remuées avec plus de conviction que dans l'entourage des Beauvau. Le maréchal était ami de Necker. Pour plaire à son mari, la maréchale attirait chez elle, tout en les protégeant avec un peu de hauteur, les amis de Turgot, ceux que

(1) C'était un droit de 3 % que la Ferme générale prélevait sur les denrées venant d'Amérique.

(2) *Mémoires* du prince DE TALLEYRAND, t. I, p. 61-62. — Si l'on en avait le loisir, on trouverait cette observation de Talleyrand encore plus malicieuse qu'elle n'en a l'air. Pourquoi, par exemple, prétend-il que Mme de Simiane s'intéressait aux tabacs de Virginie ? A cause de Lafayette que tout le monde attachait à son char. Et Mme de Blot aux officiers de marine ? A cause du marquis de Castries qui lui montrait beaucoup d'empressement. Et Mme d'Hénin au parlement de Rouen ? Parce que Lally-Tolendal venait d'y plaider la cause de son père. Mais ce que Talleyrand n'a pas noté dans ce milieu, — et pour cause, — c'est une autre dissonance bien plus discordante à nos yeux. Modèles de toutes les vertus et surtout de l'union conjugale, ni le prince de Beauvau ni sa femme ne semblaient s'apercevoir que les habitués de leur salon qui débitaient de si nobles maximes, qui pensaient, qui discouraient si bien, ne se croyaient pas forcés de bien agir. L'amour de la vertu et de l'humanité les dispensait d'avoir des mœurs. Les femmes discutaient, au milieu de leurs amants, sur les moyens de régénérer la société. Personne n'ignorait ce désaccord, mais personne ne s'en offusquait. (Cf. la notice de BARRIÈRE, en tête de son édition des *Mémoires* de Mme CAMPAN, t. I, p. XIX.)

l'on nommait la *Secte des Économistes*. Bien que Mme d'Hénin fût dame de la Reine, elle se jeta dans le parti de Necker que Marie-Antoinette n'aimait pas. Alexandre de Lameth prétend que cet élan venait de ce que la Reine, dont elle avait été un instant la favorite, lui avait préféré la comtesse de Polignac. Il est certain que Marie-Antoinette avait des caprices aussi passagers parfois qu'ils étaient vifs : rappelez-vous, entre autres, quel fut son goût pour la princesse de Lamballe et pour la femme d'Arthur Dillon, et combien vite elle se lassa de l'une et de l'autre. Mais Alexandre de Lameth se trompe. La princesse d'Hénin se rangea dans le parti de Necker tout simplement parce que c'était une femme toute d'impulsion, parce que Necker personnifiait les idées de réformes qui flottaient dans l'air et que dans le salon des Beauvau il était considéré comme un nouveau messie rédempteur. L'enthousiasme est une contagion. Il avait donc gagné les princesses combinées. Nous en avons un curieux témoignage dans une lettre que Mme de Lauzun adressa à Necker le 6 janvier 1785 pour le remercier de l'envoi de son livre sur l'administration des finances (1) : « J'ai fait part à mes amies, écrivait-elle, de tout ce que vous me dites pour elles ; elles en sont flattées et y sont sensibles comme elles doivent l'être. J'avais déjà parlé à Mme Necker de Mme de Poix et de Mme de Bouillon ; mais je n'avais rien dit de Mme d'Hénin, qui, ayant été au moment de perdre sa mère (2), n'avait pu penser à

(1) Je ne sais — soit dit entre parenthèses — si les contemporains sentaient le ridicule que méritait Necker en soumettant à l'appréciation de jeunes femmes aussi futiles qu'ignorantes un ouvrage comme l'*Administration des finances de la France*, 3 volumes in-8°. Necker, qui n'était pas Français d'origine, ne le sentait assurément pas. Talleyrand lui-même ne le sentait pas davantage, car il subissait lui aussi la contagion, et s'il s'en moqua, c'est seulement dans ses *Mémoires*, trente ou quarante ans après.

(2) En janvier 1785, c'est-à-dire à la date même de cette lettre de Mme de Lauzun, Grimm reproduit une ronde dialoguée entre Mme Dugazon et Micher, par le chevalier de Boufflers, pour la convalescence de Mme de Monconseil. Et une note nous apprend que toutes les amies de Mme d'Hénin, la duchesse de Bouillon, la princesse de Poix, la baronne de Bayes, etc., s'étaient établies chez Mme de Monconseil. Le salon et même l'antichambre étaient remplis de lits, de bergères, de sophas. Ces dames y couchaient, y veillaient, y soupaient, y passaient le jour et la nuit ; leurs amis particuliers y venaient du matin au soir aussi librement, plus librement peut-être que si elles avaient été chez elles ; c'était vraiment un monde. La maréchale de Luxembourg avait fait vœu de délivrer vingt-cinq prisonniers pour mois de nourrice, si Mme de Monconseil était rendue à ses amies. Elle leur fut rendue, mais pour peu de temps, car elle mourut l'année suivante.

aucune autre chose et a lu votre introduction plus tard que ces dames; elle en a été transportée et m'a beaucoup grondée de ne l'avoir pas prévu et de ne pas vous l'avoir dit d'avance. Elle prétend avoir un droit particulier à vous faire recevoir ses éloges et à être rappelée à votre souvenir. Je ne sais si vous m'entendez, Monsieur; mais vous savez peut-être déjà qu'il a paru une prétendue lettre de vous à Mme de Beauvau aussi méchante qu'elle est loin de votre style, où Mme d'Hénin est fort maltraitée [1]... ».

Plus on approche de 1789, plus l'effervescence grandit, même dans ce petit milieu. La jeune Mme de Gouvernet était obligée d'assister à d'interminables conversations politiques chez Mme d'Hénin. « Les habituées de la société de ma tante, dit-elle, ma tante elle-même, ne tarissaient pas sur les moyens à employer pour réformer les abus, amener une meilleure répartition des impôts ». Lally-Tolendal, qui n'était alors qu'un simple capitaine de cuirassiers, dissertait de la constitution anglaise comme s'il la connaissait, et il passait pour un oracle. « La puissance de sa parole charmait les dames qui l'écoutaient avec délices. Ma tante en avait la tête tournée et ne doutait pas de ses succès aux États généraux [2] ». C'est ainsi que le comte de Lally-Tolendal entra, pour n'en plus sortir, dans la vie de la princesse d'Hénin, et c'est ainsi que commença pour elle une nouvelle existence dont elle ne soupçonnait guère les émouvantes péripéties.

Comme les Dillon, les Lally étaient des réfugiés irlandais venus en France à la suite de Jacques II. Ils étaient bâtards de père en fils depuis trois générations. Lorsque son père fut décapité en 1766 pour avoir perdu l'Inde, Lally-Tolendal n'avait encore que quinze ans; il étudiait au collège d'Harcourt. Sa mère (une dame de Maulde, dit-on), qu'il n'avait pas connue, était morte depuis quatre ans. Il fut recueilli par une vieille demoiselle Dillon, leur parente, qui habitait un appartement au château de Saint-Germain-en-Laye et qui, ayant reçu des fonds destinés à subvenir à son existence, acheva son éducation. Devenu homme, il travailla, vingt ans durant, à la

(1) Comte D'HAUSSONVILLE, *Le Salon de Mme Necker*, t. I, p. 237.

(2) *Journal d'une femme de cinquante ans*, t. I, p. 161-162.

réhabilitation de son père qu'il réussit à obtenir, sinon devant les divers parlements (Paris, Rouen, Dijon) où la cause fut successivement portée, du moins à la Cour et dans l'opinion publique. Si la mémoire d'un père défendue par son fils est toujours un sujet d'attendrissement, surtout en France, l'attendrissement redouble lorsque la cause a pour elle toute l'apparence de la justice et qu'elle est plaidée avec éloquence : c'était le cas de celle-ci. Voltaire, qui s'était fait une spécialité de redresser les torts des tribunaux, applaudit à la piété filiale de Lally, mettant ainsi dans la balance tout le poids de sa popularité. Pouvait-il échouer, au surplus, à cette époque de sensibilité universelle où tout le monde versait les larmes les plus douces à la Cour comme à la ville, dans la vie réelle comme au théâtre, en attendant le jour tout prochain où tout le monde allait s'entre-dévorer ?

Ce don des pleurs que possédait Lally et qu'il avait si bien su communiquer, touchait surtout les femmes, naturellement. Marie-Antoinette appelait ce tendre fils son « petit martyr ». Bâtard légitimé, il leur semblait un enfant de l'Amour. Son grand adversaire, dans la revision du procès de son père, avait été le conseiller au parlement de Paris, Duval d'Eprémesnil; son parti était appelé le *parti noir*, parce que, devant la cour, il parlait en robe noire. Lally, en habit bleu d'officier, était le centre du *parti bleu* dans lequel la plupart des femmes s'étaient enrôlées. Un journaliste de 1780 remarque que l'aspect des petits appartements était changé : « A la place de Boucher ou de Greuze, on ne voit plus, chez les femmes, qu'une grande carte de la côte de Coromandel; trois énormes volumes, intitulés *Mémoires pour le comte de Lally, vraies causes de la perte de l'Inde*, chargent ces tables à toilette, où couraient jadis Bernard, Dorat et Lafontaine ». On parlait de lancer des chapeaux *à la Lally* (1). La propriété du Val, au bout de la terrasse de Saint-Germain, avait été donnée par

(1) Nous sourions aujourd'hui de cet engouement comme de beaucoup de choses des temps passés. Mais, après Lally, n'avons-nous pas vu Michelet ressusciter ce « don des larmes » qui lui permit, à lui aussi, de faire revivre les morts, ces foules anonymes des populations laborieuses et souffrantes qui, selon lui, ont fait la France. Et longtemps, loin de sourire, nous avons pleuré avec Michelet, comme les contemporains avaient pleuré avec Lally. Aujourd'hui, Michelet a rejoint Lally dans l'oubli, et de Michelet comme de Lally nous sourions. Ainsi va la mode, ainsi le monde.

Louis XV au lieutenant général de Lally, et, après son supplice, elle était passée entre les mains du prince de Beauvau. Il n'est pas douteux que le salon du prince n'ait souvent accueilli le fils de l'ancien possesseur du domaine, et que les jeunes femmes, qui en faisaient l'ornement, ne lui aient témoigné l'intérêt dû à ses malheurs, l'admiration méritée par la chaleur de sa parole et cette sympathie démonstrative si fort à la mode dans les relations mondaines du temps, et plus qu'ailleurs dans le cercle des *princesses combinées*. Enfin, si à ces causes générales vous ajoutez l'impétuosité des sentiments de Mme d'Hénin, vous avez tout le secret de l'élan avec lequel elle se jeta dans les bras de l'infortuné jeune homme.

II

Pendant la Révolution.

Lally-Tolendal, élu député de la noblesse de Paris aux Etats généraux, se transporta à Versailles pour s'y fixer pendant la session. Ne pouvant partager avec Mme d'Hénin l'étroit appartement dont elle avait la jouissance au palais comme dame de la Reine (1), le prince de Poix leur prêta la charmante petite maison dont il disposait comme gouverneur de Versailles, à la Ménagerie, dans le parc, à l'extrémité du bras gauche du grand canal. Mme d'Hénin s'y installa avec Lally, tous ses gens, son cuisinier et ses chevaux (2).

C'est là qu'elle apprit, au milieu de la nuit, les événements qui s'étaient passés à Paris dans la journée du 14 juillet 1789 et, quelques jours après, le départ de son mari accompagnant le comte d'Artois qui fuyait à l'étranger. On eût aimé que Mme de La Tour du Pin — qui vivait avec elle à ce

(1) Cet appartement était situé au-dessus de la galerie des princes, dans l'aile du château qui donne, d'un côté, sur le parterre du midi et la terrasse de l'Orangerie, et, de l'autre, sur la rue Gambetta.

(2) *Journal d'une femme de cinquante ans*, t. I, p. 179. — On connaît la lettre spirituelle du chevalier de l'Isle au prince de Ligne, lettre qui commence ainsi : « Quel dindon que celui que nous venons de manger chez la comtesse Diane ! Mon Dieu, la belle bête ! C'est M. de Poix qui l'avait envoyé de la Ménagerie. Nous étions huit autour de lui : la maîtresse de la maison, Mme la comtesse Jules, Mme d'Hénin et Mme de La Force, etc. » (BARRIÈRE, *Tableaux de genre et d'histoire*, p. 227.)

moment et qui nous a laissé sur elle tant et de si précieux renseignements — nous eût confié les impressions de sa tante sur ce départ. Elle se borne à dire que le comte d'Artois quitta la France et que plusieurs personnes de sa maison l'accompagnèrent, « entre autres, M. d'Hénin, son capitaine des gardes [1] ». Pas un mot de plus.

La fin de l'été ramena la princesse dans son appartement du château de Versailles. Elle y passa la nuit du 5 au 6 octobre en compagnie de Mme de Gouvernet et de la marquise de Lameth, belle-sœur de celle-ci. Au matin, vers six heures, ces deux dames ne s'étant pas déshabillées, entendirent du bruit sur la cour des Princes. On criait : « A mort ! tue les gardes du corps ! » Elles allèrent réveiller Mme d'Hénin qui couchait dans une chambre donnant sur la terrasse d'où elle ne pouvait rien entendre. Sa frayeur, comme la leur, fut extrême. Bientôt le comte de Gouvernet arriva. Il les décida toutes trois à quitter l'appartement et à rejoindre Mme de Simiane chez une de ses anciennes femmes de chambre qui demeurait près de l'Orangerie. De là, Mme d'Hénin se rendit chez la princesse de Poix qui partait pour Paris. Vers trois heures, elle revint chercher sa nièce. Indécise sur le parti à prendre, elle finit par se résigner à aller à Saint-Germain attendre les événements. Emmenant avec elle sa nièce et une seule femme de chambre, elles firent le voyage dans une mauvaise carriole. Le trajet dura trois longues heures. Elles se réfugièrent au château dans l'appartement qu'y occupait Lally et qui était celui que Mlle Dillon, grand'tante de Mme de Gouvernet, lui avait laissé [2].

La princesse d'Hénin, qui avait commencé sa vie par la comédie, tombait dans la tragédie.

Jusqu'alors, abusée par la confiance que Necker et ses partisans avaient su inspirer dans la société des Beauvau, elle avait pu espérer que les Etats généraux trouveraient facilement le remède au malaise dont souffrait la France. Mais voilà que le mal s'exaspérait et que le malade brisait avec colère les bandelettes du médecin. Au lendemain des journées

(1) *Journal d'une femme de cinquante ans*, t. I p. 198.
(2) *Journal d'une femme de cinquante ans*, t. I, ch. X.

d'octobre, le spectre de la Révolution, qu'elle n'avait qu'entrevu jusqu'alors, se dressa brusquement devant elle, et elle s'affola. Elle donna sa démission de dame de la Reine. Puis elle pressa Lally d'imiter Mounier, son collègue, en abandonnant l'Assemblée nationale. Lally, sur lequel Mme d'Hénin exerçait dès lors un empire absolu, lui obéit docilement, malgré ses regrets de résigner un mandat qui lui avait valu de nouveaux succès. Mounier et lui se retirèrent en Suisse. Mme d'Hénin les y suivit. A peine y était-elle que Lally tomba malade d'une affreuse petite vérole dont il faillit mourir et dont l'habileté du célèbre Tissot le sauva. Quittant la Suisse au mois de mai 1790 pour revenir à Paris assister aux couches de sa nièce Gouvernet, elle repartit avec elle aussitôt que la jeune mère fut relevée et avec une petite cousine qui sortait du couvent. En route, on commença par injurier les voyageuses. « En voilà encore qui s'en vont, de ces chiens d'aristocrates ! » criait-on sur leur passage. A Dole, comme elles traversaient la place du marché qui était très encombrée, on prit la princesse d'Hénin pour la Reine. Aussitôt on dételle les chevaux, on arrache le postillon de dessus sa selle, en criant : A la lanterne ! Alors commence la scène qui devait se renouveler quelques mois plus tard à Arnay-le-Duc, lors du départ de Mesdames, tantes du Roi. On oblige Mme d'Hénin et ses compagnes de voyage à descendre de voiture. On les mène chez le commandant de place qui s'est fait introuvable. Le président de la commune finit par se montrer. Devant sa méfiance, la princesse propose d'envoyer un courrier à Paris. Elle écrit à Lafayette, Mme de Gouvernet à son mari, et, en attendant, la commune rédige un procès-verbal exaltant « le civisme des habitants de Dole qui n'avaient pas cru devoir laisser passer outre des personnes suspectes, fortement soupçonnées d'être toutes autres que celles qu'elles prétendaient. Un homme, qui avait été à Paris, assurait que la plus âgée était la reine; la plus jeune pouvait être Madame Royale, et la grande [Mme de Gouvernet] Madame Elisabeth ». Le lendemain, deux membres de la commune vinrent interroger les fugitives dans l'auberge où on les retenait prisonnières. Ils leur firent mille questions, visitèrent leurs papiers, leurs écritoires, leurs portefeuilles, et leur débitèrent cent absurdités. Sur le soir, les officiers du régiment de Royal-Étranger, en garnison à Dole, se présentèrent, offrant leurs services et leur protection. Enfin, au bout du quatrième jour, la municipalité trouva qu'on avait fait une sottise d'arrêter les voyageurs et leur donna la permission de partir. Pour éviter de nouveaux ennuis, il fut décidé qu'elles sortiraient de la ville le lendemain matin au petit jour et qu'elles rejoindraient à pied leurs voitures qui les attendraient au dehors. Elles avaient repris la route du Jura, lorsque les réponses de Lafayette, du ministre de la guerre et du président de l'Assemblée nationale arrivèrent à Dole pour couvrir de confusion les autorités (1).

Mme d'Hénin passa une partie de l'été de 1790 en Suisse, au milieu des autres émigrés qui peuplaient Lausanne, Genève et les environs. Elle rejoignit ensuite la jeune comtesse de Gouvernet que son mari était venu rechercher, et lorsque le marquis de La Tour du Pin, son beau-père, quitta le ministère de la guerre (novembre 1790), elle leur donna asile à tous, y compris la marquise de Lameth et ses enfants, dans son hôtel de la rue de Varennes, vaste et commode demeure qui pouvait aisément loger plusieurs ménages.

Comme la plupart des gens de cour de ce temps, Mme d'Hénin, semble-t-il, ne s'était pas distinguée jusqu'alors par l'ordre dans ses affaires. Les dilapidations de son mari n'avaient apparemment pas peu contribué aux embarras où nous la voyons se débattre en ce moment. Dans ses papiers on trouve les expéditions de deux obligations passées à son profit, les 15 février et 16 avril 1791, l'une de 80.000 livres par le prince et la princesse de Poix, et l'autre de 12.000 par Antoine-Jean d'Agoult, le fameux aide-major des gardes du corps. Le 1er avril, elle loue sa maison de la rue de la Chaussée-d'Antin au citoyen Jean de Witt, moyennant 9.000 livres. Comme on ne sait pas ce que l'avenir tient caché, autant pour se préparer à une nouvelle émigration que pour rendre service à son neveu Gouvernet, nommé ministre de France dans les Pays-Bas, elle lui confie, le 7 juin, son argenterie et jusqu'à sa batterie de cuisine qu'il emporte avec lui

(1) *Journal d'une femme de cinquante ans*, t. I, ch. XI.

à La Haye[1]. Elle achève l'année et commence la suivante à Paris, dans l'incertitude, l'attente, l'anxiété, suivant, avec quelle inquiétude, on le devine, la course des événements. La lueur d'espoir que l'acceptation de la Constitution par Louis XVI avait fait entrevoir un instant disparaît derrière les menées de plus en plus audacieuses des clubs et les mesures de proscription de l'Assemblée législative. Désormais les membres de la noblesse, qui tenaient encore bon, ne songent plus qu'à se mettre à l'abri.

Le 5 juin 1792, Mme d'Hénin, tout en ayant soin de faire constater par témoins qu'elle résidait dans sa maison de la rue de Varennes depuis plus de six mois, demande un passeport pour aller en Angleterre avec ses domestiques, et, soucieuse de se soustraire aux lois qui frappent les émigrés de nationalité française, elle signe sa requête « d'Hénin, princesse de l'Empire ». Sans attendre l'orage qui va emporter la royauté au 10 août, elle quitte la France; le 7 septembre, elle est inscrite sur la liste des émigrés[2]. Dans l'intervalle, le fidèle Lally s'était attardé à Paris. Compris dans le coup de filet qui, à la fin d'août, ramassa tout ce qui se trouvait de nobles et de prêtres suspects dans la capitale, il fut jeté, comme tant d'autres, dans les prisons de l'Abbaye. N'ayant rien pu emporter avec lui, il écrivit à son ancien collègue et ami Malouet — qui, plus heureux ou plus agile, avait esquivé une arrestation, — pour lui demander des chemises et — comme il faisait très chaud — quelques bouteilles de vin. En même temps, il rédigeait d'une plume complaisante et exercée des mémoires au profit de ses compagnons d'infortune qui s'adressaient à lui pour repousser les accusations d'aristocratie et de conspiration; il écrivit ainsi de fort belles pages pour des gens dont la mort était déjà résolue. Quant à lui, il ne dut sa délivrance qu'à l'intervention de la veuve du grand prévôt de l'armée de son père qui lui était restée attachée. Il se trouvait que cette femme était l'amie de Manuel, procureur de la commune de Paris : elle s'empara de lui jusqu'à ce qu'il eût signé l'ordre de mise en liberté de Lally. Il était

(1) Arch. nat., *T 1694*.
(2) Arch. nat., *BB¹ 92*.

temps : le lendemain même, le massacre des prisons commençait [1].

*
* *

Après un court séjour à Londres, où le comte de Lally vint la rejoindre avec Malouet, la princesse d'Hénin réussit, malgré l'encombrement causé par les fugitifs français, à se caser dans un des petits cottages qui s'étageaient sur la colline de Richmond. En toute autre circonstance, elle aurait pu jouir de son installation dans ce lieu aimable. La Tamise y roulait entre des prés; la vue y était très étendue, l'air vif et sain, le paysage rempli de lumière et de fraîcheur. Mais d'autres préoccupations l'empêchaient de s'abandonner au charme de Richmond. En vue de se soustraire aux nouvelles peines qui frappaient les émigrés [2], prévoyant peut-être une absence plus longue qu'elle ne l'avait d'abord supposée, elle se hasarda à reparaître en France au mois de novembre 1792, tant pour se mettre en règle avec la loi que pour se procurer des ressources. A peine était-elle de retour en Angleterre que la tête du roi de France tombait sur l'échafaud [3].

Parmi les constitutionnels français qui formaient un groupe à part en Angleterre et où l'on comptait Mathieu de Montmorency, Malouet, le comte de Jaucourt, le comte de Narbonne, le comte de Lally, Mme de Staël, l'annonce de la mise en jugement de Louis XVI avait été accueillie avec une stupeur mêlée de quelque remords. En poussant le Roi à accepter la Constitution, ne s'étaient-ils pas trompés, et n'étaient-ils pas pour quelque chose dans le sort qui le menaçait? Ils s'étaient réunis et avaient projeté d'aller ensemble revendiquer leur part de la responsabilité que la Convention voulait faire peser tout entière sur le Roi. Cette démarche ayant été jugée inop-

(1) *Catalogue d'une collection d'autographes* vendue en mai 1895. — *Mémoires* de MALOUET, t. II, p. 238-239. — Mme de Staël, restée à Paris jusqu'au 1er septembre, sauva, comme on le sait, plusieurs de ses amis, entre autres le comte de Jaucourt et le comte Louis de Narbonne. Mais M. d'Haussonville ne dit pas sur quoi il se fonde pour ajouter à ceux-ci le comte de Lally (*Le salon de Mme Necker*, t. II, p. 255)

(2) La loi du 25 octobre 1792 punissait de mort les émigrés hors d'état de produire un certificat de résidence.

(3) Arch. nat., *BB¹ 92*. — *Mémoires* de MALOUET, t. II, p. 266.

portune par quelques-uns d'entre eux, Louis de Narbonne, de son côté, et Lally-Tolendal, du sien, avaient sollicité un sauf-conduit pour comparaître à la barre et défendre l'infortuné monarque. On sait que la Convention avait repoussé leur demande et que Lally, pour ce qui le concerne, fut réduit à publier à Londres son plaidoyer.

Bientôt ils se dispersèrent. Tandis que la baronne de Staël revenait en Suisse, escortée ou suivie de quelques-uns de ses fidèles, le comte de Lally et Mme d'Hénin demeurèrent en Angleterre, et les uns et les autres, malgré la distance qui les séparait, unirent leurs efforts pour sauver ceux de leurs amis restés exposés aux dangers de la Terreur ou pour soulager les infortunes des autres.

Le premier des amis de Mme d'Hénin à qui nous la voyons chercher maintenant à rendre service, c'est Lafayette. Il s'était acquis plusieurs titres à sa sympathie. Sa femme était une Noailles, tout comme le prince de Poix. Mme de Simiane, dont il était fort épris, faisait partie du cercle des princesses combinées. Les lauriers qu'il avait rapportés d'Amérique, le prestige qui l'entourait à la tête de la garde nationale de Paris, la place qu'il occupait à l'Assemblée nationale dans les rangs du parti constitutionnel, avaient fait de lui un des principaux membres de la société des Beauvau, un des alliés politiques de Lally-Tolendal, tout au moins à l'ouverture et dans les premiers temps des États généraux. Lorsque, au lendemain de la chute de la royauté, Lafayette, se reconnaissant impuissant à contenir le mouvement révolutionnaire, abandonna l'armée qu'il commandait et se vit retenu prisonnier par les Autrichiens auxquels il s'était livré, une des premières personnes à qui il écrivit c'est la princesse d'Hénin. La lettre est du 27 août 1792. Il lui expliquait les raisons qui l'avaient fait passer à l'étranger et les circonstances de son arrestation. Cinquante ans plus tard, lorsque la correspondance de Lafayette fut livrée au public, les éditeurs accompagnèrent cette première lettre d'une note qui éclaire d'une vive lumière la noble mission dont la princesse se chargea vis-à-vis du prisonnier, de sa famille et de tous ceux qui pouvaient s'intéresser à lui : « C'est la première fois que le nom de Madame la princesse d'Hénin paraît dans notre recueil : les enfants du général Lafayette ne peuvent exprimer ici que bien faiblement les profonds sentiments de reconnaissance qui leur rendent si précieux le souvenir de cette admirable amie. Elle était alors en Angleterre; la plupart des lettres que le général Lafayette put écrire pendant sa captivité lui furent adressées. Tandis que Madame de Lafayette, presque tous ses parents et amis étaient retenus dans les prisons de la Terreur, Madame d'Hénin était le centre de leur correspondance et s'efforçait de faire parvenir à tous des nouvelles et des consolations ».

Dès lors, en effet, s'ouvre entre Mme d'Hénin et Lafayette un commerce de lettres qui nous offre un double intérêt : celui de nous retracer l'indigne traitement infligé au prisonnier, et celui de nous montrer la princesse sous un jour, dirai-je nouveau ? non, mais que les circonstances ne nous avaient pas encore permis de soupçonner. On a dit que l'épreuve est la pierre de touche des âmes : elle écrase les faibles, elle fortifie les puissants. Mme d'Hénin nous apparaît ici dans la catégorie des grandes âmes : l'adversité, le spectacle des souffrances et des dangers de ses amis révélèrent en elle tout un trésor de vertus que la fortune lui avait jusqu'alors dissimulées à elle-même peut-être autant qu'aux yeux du monde; elle en fut comme transfigurée.

Résumons rapidement ce que nous savons de cette émouvante correspondance.

Elle se compose de lettres ouvertes et de lettres secrètes. Les premières passaient sous les yeux des gardiens du prisonnier; elles contenaient parfois des passages en encre invisible. Les autres étaient écrites sur des feuillets glissés entre les pages d'un livre de piété et enlevées ensuite avant que le volume fût remis en place. Elles étaient confiées à un domestique qu'on avait laissé à Lafayette et qui avait réussi à gagner un soldat de la garnison. Le ministre des Etats-Unis à Hambourg se chargeait de les faire parvenir à destination.

Le 25 mars 1793, Lafayette raconte à Mme d'Hénin ce qui lui est advenu depuis son arrestation le 19 août 1792. Ignorant l'adresse de sa femme, il prie la princesse de lui communiquer sa lettre ainsi qu'à ses enfants et à ceux de ses amis auxquels Mme de Lafayette et elle le jugeront à propos. Remis par l'Autriche à la Prusse, Lafayette et ses compagnons ont été conduits à Wesel. Là, on les a privés de toute communication au dehors et gardés à vue. Alexandre Lameth a été mourant, lui-même très malade. De Wesel on les a transférés à Magdebourg : ils ont traversé l'Allemagne sans incidents, heureux de prendre l'air. Mais à Magdebourg, où ils sont maintenant, Lafayette est enfermé dans une casemate sous le rempart de la citadelle : il faut franchir quatre portes hérissées de chaînes, de cadenas et de barres de fer pour arriver à son cachot qui est large de trois pas et long de cinq et demi. Les murs sont moisis; une seule petite fenêtre laisse voir le jour, non le soleil. Deux sentinelles veillent au dehors. Le prisonnier est sans autres nouvelles que celle de la mort de Louis XVI et de La Rochefoucauld-Liancourt. Il ne sait rien ni de sa femme ni de ses enfants. Tout en recommandant à Mme d'Hénin une discrétion *inviolable* (il y allait de la vie de quiconque, soumis à la Prusse, se serait dévoué pour lui être utile), il désire qu'elle fasse connaître à leurs amis communs sa triste situation et celle de ses compagnons.

Mme d'Hénin s'empressa de communiquer cette lettre à la marquise de Lafayette, à qui elle ne parvint qu'au mois de mai, ainsi qu'au général Washington.

Le 25 avril suivant, Lafayette, grâce aux efforts de Gouverneur Morris, représentant des États-Unis en France, eut la permission de répondre à une lettre que sa femme lui avait écrite. La lettre de Lafayette est ouverte : devant être soigneusement épluchée par l'autorité, elle est très étudiée. Néanmoins, il dit ceci de Mme d'Hénin : « Il y a dans votre billet deux lignes de mon excellente amie; j'espère qu'elle lira celle-ci et qu'elle y trouvera l'expression de ma vive tendresse. Je la prie de donner de mes nouvelles à ceux de mes amis qui seraient à portée d'elle ».

Le 22 juin, Lafayette récrit à Mme d'Hénin. La première fois, il n'avait qu'une feuille de papier, un peu de vinaigre, du noir et un curedent. Maintenant, « grâce au plus généreux dévouement », il peut plus facilement lui donner de ses nouvelles. Il revient sur l'horreur de sa prison de Wesel. Mais il n'est pas mieux traité à Magdebourg. Après plus de cinq mois, il a été seulement admis à jouir du soleil pendant une heure dans un petit jardin au coin d'un bastion. Il a revu l'écriture de sa femme et de Mme d'Hénin, ou plutôt entrevu, car on ne lui a pas laissé leurs lettres ... « Si je n'écrivais pas à vous, chère princesse, je demanderais pardon de bavarder tant de niaiseries. Mais je me livre à la douceur de cette espèce de conversation si rare, quoique bien imparfaite. Je n'écris qu'à vous, et vous communiquerez mes lettres aux habitants de Chavaniac [1]... Faites mille compliments et remerciements au bon Lally, à qui je dois les premières nouvelles qui me soient parvenues. Adieu; vous savez avec quelle tendresse je vous aime ».

Le 16 juillet, Lafayette annonce à la princesse qu'il a reçu une lettre d'elle datée du 26 avril. Il est toujours au même régime : une promenade d'une heure par jour au grand air, alors qu'auparavant il n'avait que six pas à faire dans son cachot. Grâce à l'argent de l'Amérique, la nourriture est améliorée. Il espère que les États-Unis finiront par briser ses fers, malgré les lenteurs de la diplomatie européenne. Il remercie Mme d'Hénin de tout ce qu'elle a fait elle-même pour cela. « Tâchez de faire commuer notre peine en celle du bannissement ». Il la charge de ses commissions de tendresse et de souvenirs à tous ses amis. Il n'écrit ni à sa tante (Mme de Tessé), ni à sa femme, ni à ses enfants, parce que son écriture est trop connue en France, et cela les compromettrait; mais il compte sur Mme d'Hénin pour leur donner de ses nouvelles. « Adieu, ma chère princesse : les témoignages de votre amitié ne m'étonnent pas; je savais bien qui j'aimais tant. Quand me sera-t-il permis de vous revoir ?... Qu'il me sera doux de retrouver les plus chers objets de ma tendresse, de vous revoir, chère princesse, et de jouir de votre satisfaction et de la mienne ! Adieu, encore une fois ; votre démocratique et captif ami vous embrasse de tout son cœur ».

Lafayette n'épargne pas les effusions de sa reconnaissance pour l'obligeance de Mme d'Hénin. Il termine ainsi une autre de ses lettres : « Adieu, ma chère et bien aimée; il n'y a pas d'expression qui puisse vous dire à quel point je vous chéris, à quel point votre amitié adoucit ma situation. Mon cœur est

(1) C'est-à-dire à sa femme et à ses enfants.

pénétré de mille tendres sentiments pour vous, et, quel que soit mon sort, il les conservera jusqu'au dernier soupir ».

Lally-Tolendal unissait ses efforts à ceux de la princesse pour tâcher d'obtenir un adoucissement à la captivité de Lafayette. Le 30 juillet 1793, il lui mandait, par l'intermédiaire d'un jeune médecin hanovrien (que nous allons retrouver tout à l'heure) qu'il avait fait passer à Mme de Lafayette une lettre du général Washington qui, disait-il, ne trouvait pas de mots pour exprimer sa douleur sur la position du prisonnier. Lally ajoutait qu'il adressait un mémoire en sa faveur au roi de Prusse et qu'il sollicitait pour lui les gouvernements de Londres, de Berlin, de Vienne et de Philadelphie [1]. Le 2 octobre suivant, Lafayette remerciait Lally, bien qu'il ne connût pas encore son mémoire au roi de Prusse.

La captivité de Lafayette se prolongeait ainsi, au grand scandale des deux mondes, lorsque, le 3 janvier 1794, le prisonnier annonça à Mme d'Hénin qu'il allait être transféré de Magdebourg à Neisse, en Silésie, c'est-à-dire à cent cinquante lieues plus loin. Il lui demandait d'associer une fois de plus ses efforts à ceux de ses autres amis pour obtenir sa délivrance. Il lui faisait ses adieux, car il craignait que ce redoublement de rigueurs ne lui fût fatal. Il la remerciait tendrement de tout ce qu'elle avait fait pour lui.

A la réception de cette lettre, la princesse fut atterrée. Elle s'imagina que la Prusse voulait faire mourir secrètement son prisonnier. Elle convoqua aussitôt tous les amis de Lafayette qu'elle put réunir ; elle leur lut sa lettre, après quoi elle y annexa la note suivante :

(1) Cette lettre de Lally est signalée dans la *Revue des autographes* de novembre 1905. — Sur le Mémoire de Lally au roi de Prusse, voir les *Mémoires* de LAFAYETTE, t. II, appendice. Dans cet appendice, on lit ces mots, dus sans doute à Lafayette lui-même : « Lafayette était lié avec Lally antérieurement à la Révolution; ils s'écrivirent quelquefois depuis le 6 octobre; ils se virent en juin 1792 chez une femme de leur connaissance (Mme d'Hénin ?), et c'est la seule fois, depuis le mois d'octobre 1789, que ces deux amis eurent le plaisir de s'embrasser. Mais il est des âmes dont les sentiments sont profondément imprimés et se développent de plus en plus dans les occasions qui éloignent et intimident les hommes ordinaires. Lally avait été sévère pour Lafayette et quelquefois injuste : à peine Lafayette fut-il malheureux qu'il lui consacra ses veilles, ses soins, son esprit supérieur, son admirable éloquence, et ne connut d'autre crainte que celle d'oublier quelque moyen de le servir. »

« Les amis de M. de Lafayette ayant à redouter pour lui tous les genres de dangers, et la lettre ci-dessus transcrite étant une espèce de testament de mort, un dernier adieu à tout ce qu'il aime, il a été jugé qu'elle était trop précieuse pour la laisser sortir des mains à qui elle a été adressée, et il a été arrêté qu'il en serait fait une copie, laquelle sera certifiée pour conforme à l'original lu par Mme d'Hénin qui a reçu le dit original, par M. de La Tour[-Maubourg] qui a écrit la présente copie, et par d'autres amis soussignés, lesquels déclarent connaître parfaitement l'écriture de M. de Lafayette et certifient avoir vu l'original et la copie, et attestent sur leur honneur la parfaite conformité de l'un et de l'autre. Londres, 26 février 1794. »

Lafayette arriva à Neisse le 16 janvier. Le climat de cette ville était le plus mal famé de l'Allemagne, ce qui le confirma dans l'idée qu'on voulait sa mort. Cependant il continuait à écrire; mais les précautions étaient telles qu'il ne pouvait plus ni envoyer ni recevoir que des lettres ouvertes. Au bout de quatre mois, la Prusse, fatiguée de se faire le geôlier de l'Europe, passa la main à l'Autriche qui dirigea les prisonniers français sur Olmütz, en Moravie. Le convoi se composait de Lafayette et des compagnons de sa fuite, auxquels on avait adjoint Beurnonville et les quatre commissaires de la Convention livrés par Dumouriez le 2 avril 1793.

C'est alors que, perdant l'espoir de voir se terminer la captivité de Lafayette, Mme d'Hénin conçut le projet d'une évasion. Elle en confia l'exécution au médecin hanovrien Bollmann, que nous avons déjà entrevu. C'était un jeune homme qui avait vécu à Paris dans l'entourage de Mme de Staël, nature enthousiaste qu'avaient exaltée les premières idées de liberté, à l'aurore de la Révolution. Déjà, au lendemain du 10 août, il s'était chargé de sauver le comte Louis de Narbonne, et il avait réussi, à travers mille dangers, à le faire passer en Angleterre. Sous prétexte d'une excursion géologique, il se procura à Vienne tout un attirail d'échelles de cordes destinées à faciliter la fuite de Lafayette pendant la nuit. Mais ce moyen ayant paru, sur place, impraticable, on se décida à profiter d'une des promenades que le prisonnier, accompagné d'un soldat, était autorisé à faire dans la campagne tous les deux jours. Lafayette se débarrasserait du soldat comme il pourrait : un cabriolet que Bollmann et un complice tiendraient prêt dans les environs lui permettrait d'échapper rapidement à toute poursuite. Malheureusement l'affaire manqua. Lafayette fut repris, et ses deux complices subirent huit mois de travaux forcés.

Le silence se fait ensuite sur le prisonnier pendant un an. Au début de l'automne de 1795, Mme de Tessé, sa tante, qui séjournait alors à Altona avec toute une société d'émigrés, reçut une lettre de Mme d'Hénin lui annonçant la prochaine visite de Mme de Lafayette. La marquise, venant de France, arriva le lendemain avec ses deux filles. Elle raconta tout ce qui s'était passé à Paris et donna à ceux qui l'interrogeaient avidement tous les renseignements qu'elle pouvait. C'est ainsi que cette admirable épouse finit par parler du but de son voyage : elle allait rejoindre son mari à Olmütz et s'enfermer, elle et ses filles, avec lui dans sa prison. Tout le monde se récria. Elle persista et partit. Dès lors, les relations épistolaires de Lafayette et de Mme d'Hénin cessent (1).

***

Pendant ce temps, la bourrasque révolutionnaire avait dispersé, comme une envolée de feuilles mortes, la nombreuse société des Beauvau. Le maréchal était mort de maladie en 1793 (2). Sa veuve, dont la fortune était réduite presque à rien, cachait sa douleur et son dénuement dans un petit appartement de Paris, d'où elle allait quelquefois au Val pleurer sur ses souvenirs. Des quatre « princesses combinées », l'une, Mme d'Hénin, était en Angleterre. La duchesse de Lauzun (devenue duchesse de Biron depuis la mort du maréchal de Biron, oncle de son mari) y avait été la rejoindre et y avait mis en sûreté une partie de sa fortune. Mais sa fatale destinée la ramena en France. Peu de temps après son retour, Horace Walpole écrivait à ses amies, les demoiselles Berry : « Je suis allé faire une visite à la princesse d'Hénin, qui est restée huit jours à Londres... Elle m'a montré plusieurs passages

(1) *Mémoires et correspondance* de LAFAYETTE, t. II, p. 520; et t. III, *passim*. — Jules THOMAS, *Correspondance inédite* de LAFAYETTE, *passim*. — *A.-P.-Dominique de Noailles, marquise de Montagu*, p. 201-209.

(2) Lorsque le maréchal mourut, Lally-Tolendal fit paraître un article nécrologique dans un journal anglais. Cet article est reproduit dans les *Souvenirs* de la maréchale princesse de BEAUVAU, p. 37.

de lettres que je crois venir de la duchesse de Bouillon [1]. L'une dit que la pauvre duchesse de Biron a été arrêtée de nouveau et qu'elle est aux Jacobins (?). Avec elle se trouve une jeune étourdie qui ne fait que chanter toute la journée. Et qui croyez-vous que ce soit? Rien que la jolie petite méchante duchesse de Fleury (c'est-à-dire, comme tout le monde le sait, la *Jeune Captive* si poétisée par André-Chénier)... Je crains que ce nouveau coup ne bouleverse cette pauvre Madame de Biron [2] ». Hélas! si ce coup n'avait fait que la bouleverser. Six mois après son mari, le 27 juin 1794, elle périt sur l'échafaud. Ainsi se réunirent enfin dans la mort des époux que la vie avait toujours tenus séparés.

La princesse de Bouillon avait eu le temps de se réfugier en Allemagne, son pays. Elle vivait à Erfurt, tricotant des bas pour les émigrés pauvres. Elle était devenue profondément religieuse, mais sa piété ne lui avait rien fait perdre de son esprit ni de sa bonne grâce. Les enfants d'Erfurt l'appelaient *la dame grise*, parce qu'elle ne portait en toute saison qu'une modeste robe de taffetas gris. Elle allait à pied visiter ceux qu'elle appelait ses amis, les malades et les indigents. Elle invitait à sa table ou recueillait sous son toit les plus vieux, les plus pauvres, les plus ennuyeux. Autrefois liée par un long et fidèle sentiment au prince Emmanuel de Salm, elle avait eu de lui une fille qu'elle élevait avec la plus touchante sollicitude: elle la maria à M. de Vitrolles [3].

Quant à la princesse de Poix, elle était restée à Paris. Soit courage, soit insouciance, soit qu'elle s'exagérât les obstacles que son état constant de maladie opposait à toute tentative d'évasion, elle demeurait sourde aux sollicitations que la princesse d'Hénin et Mme de Staël lui faisaient parvenir d'Angleterre ou de Suisse. Son père était mort; sa mère vivait seule : son mari avait émigré ainsi que son fils aîné. Le duc et la duchesse de Mouchy, père et mère de son mari, avaient été

(1) Au commencement de l'été de 1798, la princesse de Bouillon vint en Angleterre pour toucher la portion d'héritage que lui avait laissée la duchesse de Biron. On dit qu'il s'agissait de 600.000 francs placés en fonds anglais.

(2) *Lettres* de WALPOLE, publiées par le comte DE BAILLON, introduction.

(3) *Mme de Montagu*, p. 194-197. — *Journal d'une femme de cinquante ans*, t. II, p. 173.

jetés en prison et n'en devaient sortir que pour monter à l'échafaud. Elle s'était confinée, à demi-prisonnière, au fond de ce grand hôtel de Beauvau (aujourd'hui hôtel du ministère de l'Intérieur) qui avait été jadis le théâtre de tant de réunions brillantes et qu'elle partageait maintenant avec le comité révolutionnaire de la section de son quartier. C'est là qu'elle attendait la fin de la tourmente, de jour en jour plus exposée, de jour en jour moins décidée à profiter des occasions que ses amies lui offraient de fuir (1).

Mme d'Hénin continua à se tenir en Angleterre jusqu'après la chute de Robespierre. Mais dès qu'elle entrevit la possibilité de rentrer en France sans trop de danger, elle se hâta de passer la Manche. Nantie d'un passeport sous le nom d'une demoiselle Vauthier, marchande de modes de Genève, que Mme de Staël sans doute lui avait procuré, elle alla demander l'hospitalité à Mme de Poix dans une maison de Saint-Ouen qu'on avait prêtée à son amie (2). La princesse était en train de remettre un peu d'ordre dans ses affaires et de ramasser les bribes de son ancienne fortune, lorsque le coup d'Etat du 18 fructidor la contraignit à repasser le détroit.

Elle retrouva à Londres M. et Mme de La Tour du Pin, ses neveu et nièce, qui, après avoir commis, eux aussi, l'imprudence de quitter l'Amérique pour rentrer en France, s'étaient vus forcés d'en ressortir. Elle les recueillit chez elle, à Richmond, bien que sa maison fût trop petite pour abriter deux ménages. Mais la princesse d'Hénin, dont l'âge n'avait pas amorti la passion de domination, n'avait pas seulement pour but d'obliger sa nièce : elle voulait aussi la soustraire à l'influence d'une tante maternelle que Mme de La Tour avait retrouvée en Angleterre, lady Jerningham. La princesse détestait cette dame. parce que, profitant de son absence, Lally venait de passer trois ou quatre mois chez elle et s'y était amusé comme un écolier en vacances. Lorsque Mme de La

(1) Dans son livre sur le *Salon de Mme Necker* (t. II, p. 259 et suivantes), le comte D'HAUSSONVILLE a publié une série de lettres de Mme de Staël à Mme d'Hénin qui attestent à la fois l'élan de son cœur généreux vis-à-vis de ses amis dans le danger, la hardiesse, l'ingéniosité et la fertilité des moyens qu'elle mettait en œuvre pour les en tirer. Toute cette correspondance, n'était sa longueur, mériterait de retrouver place ici.

(2) *Journal d'une femme de cinquante ans*, t. II, p. 138.

Tour entreprit de rédiger ses souvenirs, elle ne se rappela pas sans aigreur ce séjour qu'elle avait fait à Richmond après le 18 fructidor. « L'association de ménage avec Mme d'Hénin, dit-elle, m'était insupportable. Elle nous avait si mal logés que nous ne pouvions recevoir personne. Notre installation comprenait deux uniques petites chambres à coucher au rez-de-chaussée, et, en Angleterre, il n'est pas d'usage d'admettre des visiteurs dans la chambre où l'on couche (1). J'occupais une de ces chambres avec ma fille; M. de La Tour du Pin, l'autre, avec son fils. Le soir seulement, nous retrouvions ma tante dans un joli salon qu'elle avait au premier étage. C'était très incommode, assurément: mais si la vie eût été douce, je ne m'en serais pas tourmentée. J'admettais les grandes et éminentes qualités de Mme d'Hénin; jamais je ne sortais du respect que je lui devais: il me fallait reconnaître cependant que nos caractères ne sympathisaient pas. Peut-être était-ce de ma faute, et aurais-je dû rester insensible aux mille petits coups d'épingle qu'elle me donnait. M. de Lally, le plus timoré des hommes, n'aurait pas osé risquer la moindre drôlerie dont j'eusse pu m'amuser (2). J'étais encore jeune et rieuse. A vingt-huit ans, comment aurais-je pu avoir la sévérité de maintien qui s'imposait aux cinquante ans de ma tante? Toute à la politique, la constitution qu'il fallait donner à la France seule l'occupait. Cela m'ennuyait à mourir. Et puis venaient les écrits de M. de Lally, qu'il fallait lire et relire mot à mot, phrase à phrase (3) !... »

Lorsqu'on apprit que le général Bonaparte avait réussi à quitter l'armée d'Egypte et à débarquer à Fréjus, la nouvelle ne fit pas moins de sensation en Angleterre qu'en France. Tout le monde comprit qu'il allait renverser le gouvernement

(1) Mais n'en est-il pas de même aussi en France? Mme de La Tour ne tient pas compte des circonstances et elle oublie trop aisément le service que la princesse d'Hénin lui rendait alors, non sans se gêner elle-même et sans cependant qu'elle se plaignit.

(2) Sur les « drôleries » de Lally, voici une note de Sainte-Beuve : « Ceux qui n'ont connu de M. de Lally-Tolendal que ses plaidoyers pathétiques et ses effusions oratoires, et qui n'ont pas entendu ses délicieux *pots-pourris* tout pétillants de gaîté, n'ont vu que le personnage et n'ont pas su tout l'homme (*Portraits littéraires*, t. III, p. 319). » Cf. *Revue historique*, t. LXXXIII. année 1903, p. 315 et 317.

(3) *Journal d'une femme de cinquante ans*, t. II, p. 171-172.

du Directoire, et une agitation extraordinaire se produisit parmi les émigrés. Chacun se mit à faire ses paquets. Dès le 18 brumaire, la plupart franchirent le détroit et débarquèrent tout le long de la côte opposée, depuis la Hollande jusqu'à l'embouchure de l'Elbe. Mme d'Hénin ne fut pas la dernière. Sachant Lafayette établi avec les siens à Vianen, près d'Utrecht, elle ne manqua pas d'aller le voir ; puis, à la faveur de deux ou trois passeports différents et en changeant de nom et de route à tout moment, elle rentra en France et elle réussit à se faire définitivement rayer de la liste des émigrés le 6 floréal an IX (29 avril 1801) (1).

III

Après la Révolution.

On se tromperait si l'on croyait que les émigrés furent mal reçus lorsqu'ils vinrent reprendre leur place dans la société. Ils y furent, au contraire, accueillis avec empressement. Le premier Consul les rappelait : c'était à qui leur serait utile. Tous les salons leur étaient ouverts; une fête n'était pas complète quand ils n'y avaient pas été conviés; si la réclame avait été inventée, on eût mis au bas de chaque invitation : *il y aura un émigré* (2).

Mme d'Hénin reprit dans la grande famille des Noailles, à laquelle l'attachaient tant de liens, la place qu'elle occupait avant la Révolution, aux côtés de la maréchale de Beauvau et de la princesse de Poix. La vénérable maréchale, retirée maintenant à Saint-Germain dans une petite maison attenante à la superbe habitation du feu maréchal de Noailles, vivait là entourée de sa belle-sœur, Mme de Craon, ancienne abbesse de Saint-Antoine-des-Champs, qu'elle avait recueillie, lors de la suppression des couvents, et de deux dames de compagnie dont l'une était *Ourika* (3), la jeune négresse qu'avait ramenée du Sénégal le chevalier de Boufflers. Etendue sur

(1) Arch. nat., BB30 147.

(2) *Mémoires* du général de THIARD, p. 283.

(3) Voy., dans L. DE LA TOURRASSE, *Le château du Val* (Saint-Germain-en-Laye, 1924, in-8o), la planche reproduisant le portrait d'Ourika.

une chaise longue contre un paravent aux teintes défraîchies, elle recevait dans son salon le petit nombre de ses anciens amis que la mort avait épargnés et qu'elle trouvait encore parfois le moyen de loger, malgré la petitesse de sa maison. Sur une table de bois de rose placée devant elle étaient posées de petites tasses, dans lesquelles on buvait du café versé d'une cafetière d'or. Quand le temps était beau, elle se transportait avec sa compagnie dans le parc des Noailles où elle avait la permission de se promener à volonté (1).

La princesse de Poix, maintenant aveugle, vivait à Paris, entourée de ses nombreux enfants et petits-enfants et de ses amis et amies, toujours calme et sereine, contemplant avec résignation (quelqu'un l'a dit) les ruines du passé, jugeant le présent sans amertume, prévoyant l'avenir sans folles espérances. Bien qu'elle n'eût jamais émigré, son salon avait peu subi l'influence de la Révolution. Une partie des personnes qui s'y rencontraient chaque soir s'y retrouvaient depuis trente ans. C'étaient entre autres Mesdames d'Hénin, de Chalais, de Duras (2), de Simiane, de Damas, MM. de Chalais, l'abbé de Montesquiou, de Damas, de Lally. Dans ce cercle restreint survivaient toutes les grâces, mais aussi quelques vestiges des travers de l'ancienne société française. L'élégance du langage et des manières, les nobles sentiments, les idées généreuses y recevaient de constants et sincères hommages. Il est vrai que le ton de cette société était monté à un degré de sensibilité et d'enthousiasme, même pour les plus petites choses, qui nous semblerait, à nous, démocrates d'un autre âge, très exagéré. Un mot un peu heureux échappé dans la conversation était relevé avec une approbation qui allait souvent jusqu'aux applaudissements. Une histoire un peu attendrissante faisait couler une profusion de larmes. C'était un reste d'habitude qui remontait à la jeunesse de ces dames, où les cœurs sensibles étaient à la mode, et qu'en-

(1) *Souvenirs d'enfance* de la marquise de VILLENEUVE-ARIFAT, publiés par H. COURTEAULT dans la *Revue des études historiques*, 1901, p. 149 151.

(2) Mme de Duras était nièce de Mme de Poix. Elle se plaisait à appeler Mme d'Hénin sa plus ancienne amie. Lors de son mariage à Londres, pendant l'émigration, dans une ancienne écurie convertie en chapelle, c'est Mme d'Hénin qui avait tenu lieu de mère à M. de Duras devant l'autel.

tretenait la présence du comte de Lally, le plus incorrigible des hommes larmoyants (1).

Une jeune fille, qui faisait alors ses débuts dans le salon de sa grand'mère, la princesse de Poix, et qui avait eu tout le loisir d'y observer Mme d'Hénin, nous a laissé le portrait le plus vivant que nous puissions souhaiter d'elle pour cette époque. La princesse y est peinte en pied avec tous ses travers, mais aussi avec toutes ses qualités, dont l'ensemble faisait d'elle une femme unique :

« J'ai vu en elle, écrit la vicomtesse de Noailles, une chaleur et une vivacité qui étonneraient bien aujourd'hui (2). Notre tante (M. d'Hénin était cousin-germain de ma grand'-mère) avait été belle, à la mode, et, je pense, un peu coquette. A cela près, l'âge n'avait rien changé en elle; sa figure resta noble et agréable jusqu'à la fin de sa vie, et son caractère ne subit pas plus de modifications. C'était une personne toute de mouvement: je n'ai jamais rien vu de si vif. Quand la dispute s'échauffait entre elle et mes parents, je ne pouvais m'empêcher de trembler pour eux : les cris, les interruptions, les démentis, les sorties furibondes en brisant les portes, tout faisait croire qu'ils ne se reverraient de leur vie. Il est vrai que, le moment d'après, on riait de soi et des autres, et on ne s'en aimait que mieux. Le nom de fille de notre tante était Mauconseil (pour *Monconseil)*... Mlle de Mauconseil, fille unique (3), riche, très jolie et passablement enfant gâtée,

(1) Rivarol, qui faisait poser devant lui les personnages et les jouait à ravir, excellait à peindre chez Lally-Tolendal le mélange singulier de sa sensibilité et de sa gourmandise. Il avait imaginé un monologue de Lally à souper, racontant les horreurs de la Révolution : « Oui, mesdames, j'ai vu couler ce sang ! Voulez-vous me verser un verre de Bourgogne ? — Oui, mesdames, j'ai vu tomber cette tête ! — Voulez-vous me faire passer une aile de poulet ?... » Rivarol ne prête qu'aux riches; encore ici, on en conviendra, il ne prête pas grand'chose à Lally. D'autre part, faut-il le rappeler ? tandis que Lally n'avait échappé qu'à grand'peine aux massacres de septembre, Rivarol banquetait joyeusement à Hambourg avec son compère le juif Cappadoce. — Cf. *Notice sur la vicomtesse de Noailles*, par Mme STANDISH, dans les *Mélanges de littérature et d'histoire* de la Société des bibliophiles français, 1re partie, p. 25. — *Mémoires* de Mme de BOIGNE, t. III, p. 3-8. — SAINTE-BEUVE, *Chateaubriand et son groupe*, t. I, p. 183 et t. II, p. 182. — *Souvenirs inédits* du Comte d'ARGOUT, dans la *Revue historique*, t. 83, p. 315-319.

(2) C'est-à-dire en 1855, date à laquelle écrivait Mme de Noailles.

(3) On sait que la princesse d'Hénin avait une sœur de quinze ans plus âgée. Mais enfermée depuis longtemps pour inconduite dans un couvent, elle était comme ignorée.

épousa le prince d'Hénin, fils d'une Beauvau, sœur du père de ma grand'mère; ce fut l'origine de leur liaison. Elle fut dame du palais de la reine, extrêmement à la mode, et resta toute sa vie volontaire, impérieuse, irascible; mais avec tout cela, si bonne, si généreuse, si dévouée à ses amis et aux plus nobles sentiments, et puis si spirituelle et, par suite de son extrême naturel, si parfaitement originale qu'elle excitait constamment l'affection, l'admiration et en même temps la gaieté. Sa réputation fut attaquée en deux occasions, d'abord au sujet du chevalier de Coigny, et ensuite du marquis de Lally-Tolendal. La première de ces médisances fut à peine fondée; la seconde devint respectable, car il s'en suivit une amitié dévouée qui dura jusqu'à la mort de ma tante, devenue fort pieuse plusieurs années avant sa fin (1) ».

La princesse d'Hénin allait prendre des bains de sérénité au château du Marais, chez Mme de La Briche. Autant l'une était ardente et agitée, autant l'autre était douce, placide et réservée. La première était toute en contrastes; la seconde était l'harmonie même. Chez Mme de La Briche, Mme d'Hénin retrouvait presque tous les habitués de Mme de Poix; ici et là, même goût pour la conversation, mêmes manières, mêmes lectures, mêmes occupations, même emploi mi-sérieux, mi-frivole de l'esprit et du temps. C'étaient les deux derniers salons où se respirait encore cet air de l'ancien régime, aussi différent de celui qui régnait maintenant que l'eau douce l'est de l'eau de mer.

Lorsqu'elle n'allait pas au Marais, Mme d'Hénin rejoignait Mme de Poix au château de Mouchy avec toutes ses connaissances, Mme de Simiane, Mme de Chalais, Mme de Duras, Mme de Tessé (2).

Le ménage de La Tour du Pin ayant été s'installer, sous le Consulat, au Bouilh, dans le Bordelais, débris des propriétés que leur avait léguées le vieux marquis de Monconseil, la princesse d'Hénin et le comte de Lally allèrent souvent les voir pendant les huit années qu'ils y vécurent. Mme d'Hénin

(1) *Vie de la princesse de Poix, née Beauvau.* Paris, 1855, imprimée à quelques exemplaires pour la famille et les amis; citée par Sainte-Beuve dans l'introduction aux *Lettres de la marquise de Créqui.*

(2) PAILHÈS, *La duchesse de Duras et Chateaubriand*, p. 64.

leur amena une fille de Lally qui sortait de la pension de Mme Campan et dont ils achevèrent l'éducation [1]. Elisabeth de Lally était alors une jeune fille de près de quinze ans. Elle était née des amours de son père avec une demoiselle Halkett, nièce de lord Loughborough, grand chancelier d'Angleterre. Bien que Lally ait cessé d'avoir pour cette femme ni estime ni affection, Mme d'Hénin l'avait forcé de l'épouser pour reconnaître l'enfant qu'il avait eu d'elle. Le mariage avait été célébré en 1790. Quelques années après son arrivée au Bouilh, Elisabeth fut remarquée par un jeune homme d'une grande et riche famille de Bordeaux. Il la demanda en mariage et l'obtint. Lally donna à sa fille une dot de cent mille francs. C'était tout ce qu'il avait pu recueillir des trois cent mille livres que l'Etat avait reconnu lui devoir après la réhabilitation de la mémoire de son père [2]. Le mariage se fit au Bouilh, le 1er avril 1807 [3].

Pour en finir avec l'ancienne maîtresse de Lally, ajoutons ici que, dès le Consulat, elle avait adressé à Bonaparte une lettre dénonçant en termes injurieux la conduite politique et privée de son ancien amant aujourd'hui son mari. Mandé au ministère de l'intérieur pour donner des explications, Lally protesta, demandant à la fois que ce libelle fût détruit et que le séjour de la France fût interdit à son auteur. Le

(1) Mme CAMPAN met la princesse d'Hénin et le comte de Lally au nombre des « personnes illustres » qui avaient bien voulu combattre les impressions fâcheuses que chaque émigré rapportait contre elle des pays étrangers (*Mémoires*, t. II, p. 167.) En 1815, elle utilisa ses anciennes relations avec Lally pour obtenir par lui la liberté de son fils, que la populace de Montpellier avait arraché de sa demeure et fait jeter en prison, sous prétexte qu'il était neveu du maréchal Ney.

(2) Dans une supplique adressée au roi Louis XVIII, le 31 mai 1819, en faveur du duc de Bassano alors exilé, Lally donne à ce sujet d'intéressants détails : « Lorsque, après la paix de 1802, je suis venu réclamer en France pour ma fille les restes invendus de mes propriétés, mais les réclamer sous la protection de Georges III, résolu, comme je le déclarai à Bonaparte, de vivre et de mourir fidèle au sang de Louis XVI et à la générosité de Georges III, le duc de Bassano a protégé de tout son pouvoir mon intérêt paternel. Je lui ai dû la dot de ma fille, prise sur la liquidation, non encore consommée après quarante ans, des créances de mon père sur l'Etat. » Les relations de Lally avec Maret, duc de Bassano, dataient de loin. « Lorsque, en 1780, dit-il encore dans la même supplique, j'allai essayer de trouver justice pour la mémoire de mon père dans un troisième parlement, celui de Dijon, M. Maret, marquant dans la jeunesse de cette ville et fils religieux du plus respectable des pères, se dévoua de tout son cœur à mon intérêt filial. » (*Feuilles d'histoire*, t. VI, p. 357.)

(3) *Journal d'une femme de cinquante ans*, t. I, p. 236; t. II, ch. X. — *Souvenirs* du Comte d'ARGOUT, dans la *Revue historique*, t. 83, p. 315.

ministre semble avoir fait droit à la prière de Lally, au moins en ce qui touche au libelle, car il a disparu [1].

Le traité d'Amiens avait stipulé la restitution des rentes saisies au préjudice des Anglais. Lally, rentré en France, redemanda les siennes comme Anglais d'origine. Napoléon lui donna audience et chercha à le rallier. Lally se retrancha derrière sa nationalité, assaisonnant son refus de formules louangeuses. Napoléon lui dit : « Vous avez beau faire, votre gloire appartient à la France, et, d'ailleurs, comme Anglais, vous seriez mon prisonnier ». « Je le suis, en effet, répliqua Lally, mais je demande à être échangé le dernier [2] ».

Le comte de La Tour du Pin, neveu de Mme d'Hénin, n'avait pas assisté avec enthousiasme à l'avènement de Bonaparte. Dès le début, il avait manifesté son hostilité dans les collèges électoraux. Sa maison était signalée par la police de Bordeaux comme un centre de royalistes qui s'y réunissaient pour comploter le retour des Bourbons. Lally-Tolendal, prétendait-on, l'entretenait dans ces dispositions [3]. Cependant, M. de La Tour du Pin, n'ayant pas réussi dans les entreprises industrielles qu'il avait tentées pour relever sa fortune, finit par se laisser séduire et accepta, en 1808, d'entrer dans l'administration impériale : il fut nommé préfet du département de la Dyle à Bruxelles. Vers la fin de l'hiver de 1810 à 1811, Mme d'Hénin était à Bruxelles, hôtesse de la préfète, toujours suivie de l'inséparable Lally qui continuait à se faire passer pour prisonnier anglais. « Il était, dit Mme de La Tour, très intéressé à ne pas perdre cette qualité, afin de conserver une pension de trois cents livres sterling que lui payait à ce titre le gouvernement anglais [4] ».

(1) Arch. nat., *F 7 6415*.

(2) *Souvenirs* d'ARGOUT, dans la *Revue historique*, t. 83 p. 315

(3) Arch. nat., *F 7 6414*.

(4) *Journal d'une femme de cinquante ans*, t. II. p. 303. Le gouvernement français n'ignorait pas que Lally recevait de l'argent de l'étranger : il figure sur une liste d'émigrés rentrés que l'Angleterre continuait à pensionner. Cette liste date du 8 octobre 1802. A côté de son nom la police a mis cette note sévère : « On le place ici parce qu'il colporte sa plume et trafique de son talent comme on trafique d'un capital. Français quand il s'agit de nos affaires intérieures, il touche la pension comme Anglais. Pâte molle qu'un vernis de moralité n'empêche point d'être susceptible des formes et des impressions les plus dangereuses » (Arch. nat., *F 7 6415*.)

Entre tous ces déplacements, la princesse habitait à Paris une jolie maison qu'elle avait garnie de meubles rachetés ou sauvés de la vente de son ancienne demeure de la rue de Varennes. C'était un petit hôtel qu'avait occupé Chateaubriand; il était situé au coin de la rue de Miromesnil et de la rue Verte (aujourd'hui de la Pépinière). Tout contre une fenêtre qui donnait sur le jardin, il y avait un grand peuplier que Lally, afin de respirer un air moins humide, abattit lui-même « de sa grosse main qu'il voyait transparente et décharnée », dit Chateaubriand qui aimait à se moquer de lui. Là se terminait le pavé de la rue. Plus haut, ce n'était plus que terrains vagues que l'on appelait la *Butte aux Lapins*, semés de quelques maisons isolées, joignant à droite le jardin de Tivoli et, à gauche, le parc Monceau [1]. C'est là que Lally préparait les articles qu'il fournissait à la *Biographie universelle* de Michaud, dont il fut un des collaborateurs les plus abondants. Comme la Révolution ne l'avait pas enrichi, ce travail l'aidait à vivre : aussi n'en voulait-il rien retrancher, luttant âprement contre les coups de ciseaux que l'éditeur donnait à sa prose.

Lorsque parut la première édition de la *Correspondance de Mme du Deffand*, Lally reprit sa plume de 1780 pour défendre une fois de plus la mémoire de son père contre les offenses de la vieille amie de Walpole. Mais cette plume avait beaucoup servi : son article parut long, diffus, délayé, sans un mot qui portât vraiment au cœur. Tout le monde cependant ne partagea pas cet avis. Lally trouva un auxiliaire écouté en la personne du littérateur Etienne, qui s'unit à lui contre le « spectre de Mme du Deffand ». « C'est une circonstance, lui écrivait-il le 6 janvier 1813, que je ne puis jamais citer sans éprouver un vif mouvement de reconnaissance pour le prompt et noble appui que vous donnâtes alors à ma réclamation [2] ».

Au commencement du mois de mars 1813, M. de La Tour du Pin, on le sait, fut révoqué de ses fonctions de préfet.

(1) *Mémoires d'outre-tombe*, t. II, p. 465.

(2) *Journal de l'Empire*, 30 septembre 1811. — Catalogue du libraire Voisin, no 13.391. — PAILHÈS, *La Duchesse de Duras et Chateaubriand*, p. 86-87. — *Revue des autographes*, juillet 1902, no 255.

Il était certain que ce fonctionnaire servait l'empereur uniquement parce que la nécessité l'y avait forcé, mais que ses sympathies étaient pour les Bourbons. Nous avons vu que la police ne l'ignorait pas. Aussi, lorsque les revers de Napoléon rallumèrent dans les cœurs la flamme royaliste, sa maison de Bruxelles avait été désignée de nouveau comme un foyer de conspirateurs, et l'empereur l'avait sabré. Le coup atteignit par ricochet le pauvre Lally qui, le 22 mars, reçut l'ordre de s'éloigner à cinquante lieues de Paris. On prétendait qu'il avait, pour sa part, ranimé l'intérêt de la mémoire de Louis XVI en écrivant dans la *Biographie universelle* l'article de Charles Ier (1). Il choisit Bordeaux, laissant à Paris Mme d'Hénin, que nous voyons tantôt au Val où sa nièce, Cordelia Greffulhe, alla, au mois de juin, lui présenter son mari, le futur maréchal de Castellane, et tantôt au château de Mouchy, où nous la retrouvons, à l'automne, installée avec la duchesse de Duras et ses filles. Soit que l'exil de son vieil ami n'eût été qu'une menace, soit qu'il eût peu duré, soit enfin que Lally se fût borné à s'éloigner à moins de cinquante lieues, il était avec elle à Mouchy pendant ce séjour (2). De là, ils regagnèrent ensemble Paris où ils assistèrent à la déchéance de Napoléon.

Il était dans le tempérament autant que dans les principes de la princesse d'Hénin comme du comte de Lally-Tolendal d'accueillir avec transport le retour de Louis XVIII. Si la chronique ne les cite point parmi les royalistes que leurs démonstrations de joie signalèrent à l'attention publique, on peut être sûr que l'un et l'autre partagèrent leur allégresse. Après le double cauchemar de la Révolution et de l'Empire, ils se réveillaient, sexagénaires il est vrai, dans le décor de leur jeunesse : pour eux, pouvait-il être plus douce illusion ? Elle dura jusqu'au jour où l'on apprit à Paris le débarquement de Napoléon au golfe Jouan. Ce coup de théâtre fut

(1) *Feuilles d'histoire*, *ibid.*, p. 357.

(2) Arch. nat., *F 7 6414*. — *Journal* de CASTELLANE, t. I, p. 231. — *Journal d'une femme de cinquante ans*, t. II, p. 336-337.

pour Mme d'Hénin comme un coup de foudre. Mme de La Tour du Pin nous raconte que, décidée à sortir de France avec le roi, elle passa chez elle pour lui faire ses adieux. Elle la trouva dans un trouble inexprimable. Résolue, elle aussi, à partir, elle emballait, elle gesticulait, elle pressait son gros ami qui ne finissait rien. En voyant sa nièce, Mme d'Hénin s'écria : « Mais vous ne partez donc pas que vous avez l'air si tranquille ? » Mme de La Tour du Pin la laissa au milieu de ses paquets, en proie à des accès de colère contre les lenteurs du pauvre Lally (1).

Lally suivit Louis XVIII à Gand. Dès son arrivée, « Sa Majesté », écrivit-il plus tard, « me tendit sa main royale et paternelle que je couvris de baisers et de pleurs respectueux (2) ». Naturellement, Mme d'Hénin ne tarda pas à le rejoindre. Elle s'y retrouva avec Mmes de Duras, de La Tour du Pin, de Lévis, de Bellune, de Chateaubriand. Lally compléta le conseil politique du roi dont faisaient partie le comte de Jaucourt, le chancelier Dambray, le duc de Feltre, Beugnot, le baron Louis et Chateaubriand, sous l'autorité du roi. Chateaubriand et lui rédigèrent, pour servir d'antidote au *Moniteur*, une gazette qui reçut le nom de *Journal universel* et qui dura du 14 avril 1814 au lendemain de Waterloo : en tout, vingt numéros. Chaque soir, dit Chateaubriand, Lally se délassait des larmes, des sueurs et des paroles qu'il avait versées au Conseil, « avec une dame accourue de Paris par enthousiasme de son génie ». Il ajoute, avec plus de malice que de vraisemblance, qu'il cherchait vertueusement à la guérir, mais que son éloquence trompait sa vertu et enfonçait le dard plus avant. Ce dard faisait corps avec la plaie depuis trente-cinq ans (3).

(1) *Journal d'une femme de cinquante ans*, t. II, p. 371.

(2) *Feuilles d'histoire*, ibid., p. 356.

(3) *Mémoires d'outre-tombe*, t. III, p. 498. — Ch. DE LOMÉNIE, *Trois années de la vie de Chateaubriand*, p. 61-63. — *Mémoires* de Mme de CHASTENAY, t. II, p. 525-526. — Chateaubriand, bien que collaborateur de Lally, ne l'aimait pas. Qui aimait-il, au surplus ? Plus indulgent, Guizot lui pardonnait son emphase en faveur de son libéralisme. « Je les trouvais, dit-il en parlant de lui et des rares libéraux qui avaient suivi le roi à Gand, fidèles à la cause constitutionnelle, mais traités comme des exilés et inquiets comme des conseillers sans repos de l'exil, car ils avaient à lutter contre les passions et les scènes odieuses ou ridicules de l'esprit de réaction. » (*Mémoires de mon temps* t. I, p 83.)

Au retour du roi, Lally-Tolendal, en récompense de ses services et de sa fidélité, fut successivement élevé à la pairie et nommé marquis. Après l'exclusion des membres de l'Institut entachés d'idées révolutionnaires ou bonapartistes, il entra, par ordonnance royale, à l'Académie française, en même temps que le cardinal de Bausset, l'abbé de Montesquiou, Lainé, le vicomte de Bonald, le comte Ferrand, le duc de Lévis et le duc de Richelieu. Quoiqu'il eût pris part à maint débat parlementaire, notamment lors de la discussion de la loi d'amnistie, de la loi électorale, du budget, de la liberté de la presse, de la loi du sacrilège, trop libéral, trop conciliant en face des passions politiques du temps, Lally ne retrouva plus à la tribune les succès d'éloquence qu'il avait connus autrefois. Sous la Restauration, ses adversaires ont été durs pour lui. A les en croire, depuis l'Assemblée constituante, Lally n'était plus qu'un lampion éteint. Il avait jadis exploité la mort tragique de son père et les efforts heureux qu'il avait faits pour réhabiliter sa mémoire. Il avait de l'éloquence, son style était abondant, riche d'images et servi par une belle déclamation. De là les dernières lueurs qu'il avait jetées aux États généraux. Sa conversation recevait un grand intérêt de la tournure originale qu'il savait lui donner et des nombreuses anecdotes dont elle était semée. Ses formes étaient affectueuses, mais leur banalité ôtait de la confiance que l'on eût aimé à leur accorder. C'était un honnête homme, l'histoire de son mariage le prouve; un homme d'esprit qui n'avait pas toujours le sens commun; un homme de talent dont on n'a jamais pu tirer parti. Encore ne saura-t-on peut-être jamais ce que ce talent dut à la tutelle sévère de la princesse d'Hénin. « Sans être une personne éclairée, dit le comte d'Argout, Mme d'Hénin était femme de bon conseil. Lally lui lisait ses discours; elle approuvait, corrigeait et presque toujours lui en faisait retrancher la moitié. Elle veillait à ce qu'il ne se mît pas en contradiction avec lui-même, le maintenant dans les mêmes directions politiques. Elle le poussait à la fermeté et le détournait des platitudes auxquelles il n'était que trop enclin... Il a perdu beaucoup en perdant Mme d'Hénin. Il avait besoin d'être dominé, et l'empire de celle-ci se trouva transféré aux ministres. Ils le faisaient parler et se taire à volonté. N'ayant plus de conseil quant à la forme, ses discours n'eurent plus de bornes ni en étendue ni en véhémence [1] ». Par obstination dans l'aveuglement ou force d'une longue habitude, ou besoin d'avoir toujours quelqu'un à tyranniser [2] et qui s'y prêtât, Mme d'Hénin resta jusqu'à la fin attachée à ce vieux compagnon de sa jeunesse. L'âge avait épuré ce sentiment; les vicissitudes de la vie l'avaient cimenté; la mort seule pouvait le briser. Miss Berry, qui alla les voir au mois d'octobre 1819, les trouva installés à Auteuil dans une maison qui avait appartenu au duc de Praslin, frère du duc de Choiseul. La princesse était devenue très vieille et très infirme, et le marquis plus gros que jamais. « Ils nous reçurent très affectueusement; elle nous accompagna à une sorte de temple ridicule, situé vers le milieu du jardin et construit sur l'emplacement de la maison de Molière... Lally nous promena autour du jardin qui est moitié jardin potager, moitié jardin anglais ». Le jeudi 24 juillet 1823, Miss Berry retourna à Auteuil : « Nous les avons trouvés tous deux, lui incapable de quitter son sofa et la figure très changée; la princesse assise près de lui, remarquablement pâle et épuisée. Ils ne sont plus pour longtemps en ce monde, mais ils le quitteront ensemble [3] ». Miss Berry ne se trompait qu'à demi : la princesse qu'elle avait trouvée si épuisée ne devait pas achever l'année; mais Lally-Tolendal lui survécut jusqu'en 1830.

***

A ne s'en tenir qu'au rôle joué par elle sur le théâtre du monde, on trouvera peut-être que la princesse d'Hénin ne méritait pas la longue étude que nous venons de lui consacrer : ce ne fut ni une marquise de Pompadour, ni une duchesse de Polignac. Cependant, si l'on est curieux de dégager les lignes les plus caractéristiques de la *grande*

(1) *Souvenirs*, dans la *Revue historique*, t. 83, année 1903, p. 316.

(2) « Elle le tyrannisait à un point singulier, dit encore d'Argout. Celui-ci n'osait résister et lui obéissait comme un enfant. Je l'ai vu sortir du salon et retourner dans sa chambre pour changer ses souliers, parce que la princesse avait trouvé que ceux qu'il portait ne lui allaient pas bien. »

(3) *Voyages de miss Berry à Paris* (traduction française), p. 193 et 236.

dame à la fin du XVIIIe siècle, peu de ses contemporaines en offrent un ensemble aussi complet. Comme tant d'autres alors, elle était née d'un père et d'une mère qui vécurent séparés presque tout le temps de leur union. Comme tant d'autres, elle fut élevée dans une société qui mettait au rang des premiers devoirs les plus frivoles amusements. Mariée à un homme qui n'avait pour lui qu'un beau nom, ils coururent chacun des aventures de cœur scandaleuses. Cette tare, de notoriété publique, eût pu lui fermer beaucoup de portes dans un autre temps; mais elle était si générale qu'elle n'empêcha la princesse d'Hénin ni d'entrer au service d'honneur de la Reine, bien que Marie-Antoinette fût prévenue contre elle, ni d'être reçue comme un membre de la famille dans une des maisons les plus considérées, celle des Beauvau. La princesse d'Hénin donna dans tous les travers des femmes de son temps, et, plus que dans tous les autres, dans cette sensibilité extravagante qu'on dirait une forme atténuée de la maladie des convulsionnaires. Mais les qualités de son cœur rachetaient les faiblesses de son esprit, car elle fut un modèle de fidélité, de générosité et de dévouement à ses amis. Enfin, du dernier de ses amants elle fit une sorte de mari honoraire et débonnaire, pendant que, pour obéir à des convenances contradictoires, elle le forçait à épouser en justes noces une vieille maîtresse qu'il n'aimait plus. Ce sont là des traits que l'on rencontre, épars et dispersés, chez beaucoup de femmes de l'époque, mais chez aucune d'elles, accumulés et accusés avec autant de relief qu'ici. La princesse d'Hénin est un type, celui de la femme du grand monde, à une date où la femme du grand monde disparaît, et ce monde avec elle. N'était-ce pas une raison plus que suffisante pour essayer d'en fixer l'image?

IMPRIMERIES OBERTHUR, RENNES-PARIS
(500-25).

www.ingramcontent.com/pod-product-compliance
Ingram Content Group UK Ltd.
Pitfield, Milton Keynes, MK11 3LW, UK
UKHW022129170726
13837UKWH00003B/1459

9 782329 177588